hänssler

Geschichte
in Porträts

Johannes Rau

Ausgewählt von Matthias Schreiber

Hänssler-Hardcover
Bestell-Nr. 393.820
ISBN 3-7751-3820-X

Internet: www.haenssler.de
E-Mail: info@haenssler.de
Umschlaggestaltung: Agentur Mehrblick, A.-K. Hofer
Titelbilder: Archiv für Kunst und Geschichte,
Bildarchiv Preußischer Kulturbesitz (Janusz Korczak)
Satz: Vaihinger Satz + Druck
Druck und Bindung: Ebner ULM
Printed in Germany

Inhalt

Inhalt

Martin Luther . . . 7
Philipp Melanchthon . . . 9
Philipp Nicolai . . . 21
Gerhard Tersteegen . . . 27
Nikolaus Ludwig Graf von Zinzendorf . . . 35
Matthias Claudius . . . 39
Johann Gottfried Herder . . . 41
Friedrich von Bodelschwingh . . . 51
Janusz Korczak . . . 61
Karl Barth . . . 63
Karl Immer . . . 69
Reinold von Thadden–Trieglaff . . . 73
Ewald Rau . . . 81
Gustav Heinemann . . . 87
Johannes Harder . . . 95
Hermann Ehlers . . . 97
Dietrich Bonhoeffer . . . 99
Eugen Gerstenmaier . . . 105
Hans-Joachim Kraus . . . 113
Ernst Lange . . . 115
Wolf-Dieter Marsch . . . 119
Peter Beier . . . 123
Nachwort von Matthias Schreiber . . . 127

Martin Luther

1483–1546

Wenn ich nach Martin Luther gefragt werde, erinnere ich mich zuerst eines kleinen, in Leder gebundenen Büchleins, das auf dem Schreibtisch meines Vaters lag. Es hatte »Goldschnitt« wie eine kostbare Bibel, war in altfränkischer Fraktur gesetzt und hieß »Hindurch! Worte von D. Martin Luther«. An kernige Sätze erinnere ich mich, die Mut machen und Glauben stärken sollten. Ein bisschen fremd war das Büchlein damals für mich: Ich bin doch reformiert! Ich lernte nicht Luthers Kleinen Katechismus, dessen Kostbarkeit mir erst spät bewusst wurde, sondern den »Heidelberger«, der freilich für mich immer noch die schönste und wichtigste Kombination aus Lehre und Lebenskunde ist. Luther gehörte zum Dreigestirn der Reformatoren, aber er war eben ohne Zwingli und Calvin nicht zu denken. Zu fremd blieb mir die Lehre von den »beiden Regimenten Gottes«, zu staatsnah oder fürstenfreundlich schien mir der Wittenberger zu sein, zu zitatträchtig sein Werk. Als ich ein Kind war, redete ich wie ein Kind ...

Heute ist alles anders. Nicht erst die Feiern 1983, zu Luthers fünfhundertstem Geburtstag, an denen ich teilnehmen konnte, haben Herz und Sinn geöffnet. Nichts mehr scheint mir altfränkisch an der Kraft der Sprache, die Luther redete und schrieb, die unvergleichlich bleibt und die wir nicht einebnen dürfen durch unsere Glattheit und alle politische Korrektheit und die zu den größten und hoffentlich bleibenden Werten und Werken Luthers gehört. Gäbe es heute Menschen, die so redeten und schrieben, dem Volk so aufs Maul schauten und so wenig nach dem Munde redeten – wäre dann unsere Gesellschaft nicht weniger glatt, gleichgültig, langweilig und angepasst? Hätte der 23. Psalm seine tröstende Kraft ohne Luthers Sprache, wäre das Hohelied der Liebe ohne seine Übersetzung ein so hohes Lied, und wäre die Weihnachtsgeschichte in den Herzen so vieler Ungezählter ohne sein »Es begab sich aber ...«? Ich verstehe die nicht, denen das »sintemalen« oder das »desselbigengleichen« altfränkisch vorkommt, und ich kenne nur wenige, die von Luthers Sprache nicht ergriffen werden – wahrlich nicht bloß wir Alten!

Wichtiger aber ist und bleibt und wird immer wieder, was zur Sprache kommt: Nichts davon ist veraltet, wenn die Mitte von Luthers Lehre in den Blick kommt: sola scriptura, sola fide, sola gratia. Die Geschichte Gottes mit seinen Menschen ist nicht zu Ende, bloß weil wir die Botschaft von der Befreiung des Menschen nicht mehr hören können und wollen, bloß deshalb, weil uns unsere Gedanken und ihre Wege und Irrwege weglocken wollen von Luthers Frage nach dem gnädigen Gott. Gewiss: Heute reden wir anders von der Rechtfertigung durch den Glauben; längst gibt es nicht mehr das holzschnittartige Gegenüber einer ablasshandelnden, reformunfähigen Kirche. Wir lesen Luthers Biographie mit unseren Augen. »Herrn Käthe« wird es so nicht mehr geben; bettelnde und singende Klosterschüler stehen nicht mehr vor unseren Bürgerhäusern. Keiner holt uns vor ein Konzil, von dessen Urteil Leben oder Tod, Bann oder Freispruch abhängt. Man braucht kein Pseudonym wie Junker Jörg...

Luthers Worte über die Juden schmerzen. Sie zeigen, dass auch der Befreite und Begnadete noch in Befangenheit lebt und denkt. Zur Heiligenverehrung ist kein Anlass, damals nicht und heute nicht. Aber zur Dankbarkeit sind Grund und Anlass da, nicht nur wegen der »Goldenen Worte«, sondern wegen der Nachricht, die nicht alt wird und deren Bote Martin Luther war. Er blendete nicht aus und wusste, dass wir mitten im Leben vom Tod umfangen sind. Aber er rief auch den aus, der aus aller Not führt.

Ich bleibe ein bergischer Reformierter, aber ich bin froh darüber, dass ich Luther entdeckt habe als einen »Gehilfen der Freude«. Darum ist die »Wolke der Zeugen«, von der der Hebräerbrief spricht, für mich ein Himmelskörper, der ausstrahlt und wärmt. Luther gehört dazu!

Philipp Melanchthon

1497–1560

Das Jahr 1997 ist für uns in besonderem Maße ein Jahr dankbaren Erinnerns: Es begann im Januar mit dem 200. Geburtstag von Annette von Droste-Hülshoff; im Februar ging es dann weiter mit dem 500. Geburtstag von Philipp Melanchthon. Im August denken wir an Paul Schneider, den Prediger von Buchenwald, der dann hundert Jahre alt wäre. Und das Jahr endet schließlich im November mit der Erinnerung an den 300. Geburtstag Gerhard Tersteegens und im Dezember mit dem 200. Geburtstag von Heinrich Heine. 1997 haben wir uns aber auch an Ludwig Erhard und Sepp Herberger erinnert, die hundert Jahre alt geworden wären. Philipp Melanchthon hat in Anlehnung an die Antike die Erinnerung einmal »die Mutter der Musen« genannt. Und auch wir spüren: Es tut gut, neben dem Gedenken an die schweren und dunklen Tage deutscher Geschichte sich an Menschen zu erinnern, denen unser Land viel verdankt, die Großes geleistet, die uns Bleibendes hinterlassen haben und auf die wir, wenn auch nicht unkritisch, so aber doch dankbar zurückblicken können.

Man kann aber auch Angst bekommen bei so vielen Gedenktagen, weil eine Jubiläumsfeierlichkeit die andere jagt, weil einem die Zeit zur Muße fehlt und weil einem schwindelig werden kann auf dem Karussell der Jubiläen, das uns immer schneller zu neuen kalendarischen Höhepunkten führt. Da ist es gut, wenn sich eine Stadt und ihre Bürger, wenn sich die Menschen – wie in der Melanchthon-Stadt Bretten – nicht nur am Geburtstag selbst, sondern ein ganzes Jahr lang mit den verschiedenen Aspekten und Facetten und aus unterschiedlichen Blickwinkeln mit dem Leben und der Zeit Melanchthons beschäftigen. Da ist es gut, wenn es ihnen nicht zuerst um die große Schlagzeile in der Presse zu tun ist, sondern ums Nach-Denken und um den Rück-Blick.

Im 16. und 17. Jahrhundert, im Zeitalter der Konfessions- und Religionskriege, als beispielsweise ein anderer Philipp, Philipp Nicolai, von Katholiken aus Westfalen vertrieben wurde und, selbst auf der Flucht, dabei noch die Reformierten jagte, da merkte man sich den Inhalt des Augsburger Bekenntnisses in Reimen. Zum Abendmahl heißt es beispielsweise:

»Zu Marburg Dr. Luthers Faust gar kräftig auf den Tisch hinsaust. ›Dies ist mein Leib‹, so stehts geschrieben, und dabei wird bei mir geblieben! Ganz anderen Geistes ist der Zwingel, und Bucer ist erst recht ein Schlingel. Was der Papst von Wandlung lehrt, das halten wir für grundverkehrt.« Ich erinnere an diese Verse, weil der Architekt des Augsburger Bekenntnisses Philipp Melanchthon heißt.

Wenn der Papst heute bekennt, dass im Blick auf die »Confessio Augustana« weitgehende Gemeinsamkeiten zwischen den beiden Kirchen bestehen, dann heißt das nicht nur, dass sich auch ein bergischer Reformierter an einem Sonntagnachmittag ins badisch-württembergische Grenzgebiet wagen kann, um über Philipp Melanchthon zu sprechen, sondern dann kommt auch etwas von der Absicht Melanchthons ans Licht.

Wir lesen die »Confessio Augustana« heute zuerst als eine theologische Bekenntnisschrift. Auf dem Reichstag zu Augsburg war sie zugleich von hochpolitischer Bedeutung. Fürsten und Bischöfe diskutierten sie als eine Art theologisches Grundgesetz, das nicht nur richtungsweisend für die Kirche war, sondern auch für die politische Zukunft. Die »Confessio Augustana« war ein gar nicht zu überschätzendes Konsenspapier, ein tragfähiges Fundament, mit der Absicht geschrieben, die reformatorische Bewegung und die römische Kirche doch noch zusammenzuhalten, um die kirchliche und damit die politische Eintracht zu wahren und den Frieden zu sichern.

Die Geschichte nahm einen anderen Verlauf – die Kirchengeschichte wie die Geschichte Europas: Wir kennen die politischen und kirchenpolitischen Beratungen von Augsburg. Wir wissen, dass Melanchthon hernach überanstrengt und in Sorge um die Zukunft Deutschlands in seiner Herberge sitzt und weint. Wir wissen, dass Luther von der Veste Coburg aus seinen »Außenminister« über dieses Meisterstück der »Concordia« lobt; »so sanft und leise ich nicht treten kann«, äußert er sich. Und wie derselbe Luther – nicht nur im Turm der Veste, sondern auch im Turm seines Temperaments gefangen –

Melanchthon nur kurze Zeit später beschimpft, er sauge »die Sorgen ein wie der Egel das Blut«, weil ihm das Papier nicht weit genug ging. Wir wissen, dass Melanchthon von Augsburg aus schließlich keinem geringeren als dem römischen Kardinal Campeggio in einem Brief versprach, »der römischen Kirche bis zum letzten Atemzug die Treue zu halten«. Und wir wissen, wie es weitergeht: dass die katholischen Reichsstände mit der »Confutatio« antworten, der Kaiser schließlich die Unterwerfung der protestantischen Stände befiehlt und Melanchthon die »Apologie« schreibt.

Seitdem sind nun beinahe fünfhundert Jahre vergangen: fünfhundert Jahre der Kirchentrennung, die auch schwere Kriege und unsägliches Leid zur Folge hatten. Gerade wir Deutsche verstehen das Weinen Melanchthons noch aus einem ganz anderen Grund: »Kann in Deutschland die Eintracht wiederhergestellt werden, so ist es für alle ein großes Glück«, hat er damals in Augsburg gesagt. Wenn wir diesen Satz hören, denken wir Deutsche heute nicht zuerst an die Zeit der Kirchenspaltung und Konfessionskriege, sondern er erschließt sich uns auch in der Freude über den Herbst 1989, in der Freude darüber, dass uns Deutschen Geschichte auch einmal geglückt ist. Und ich freue mich darüber, dass im Melanchthonjahr zwischen Bretten und Wittenberg die Veranstaltungen nicht nur koordiniert und abgestimmt, sondern auch gemeinsam gefeiert werden. So ist es ja auch 1996 im Lutherjahr gewesen. Wir sind dankbar dafür, dass wir, anders als 1983, als ebenfalls Lutherjahr gewesen ist, diese Feiern der Eintracht haben dürfen.

»Zu Marburg Dr. Luthers Faust ...« – Ich muss noch einmal auf den Merkvers zurückkommen. Melanchthons vermittelnde Tätigkeit auf den Reichstagen und bei den Religionsgesprächen hat ihm das Klischee des Leisetreters eingebracht. Die Theologiegeschichte seit der Reformation zeigt, dass man – im Zweifelsfalle – dann doch eher auf Luthers Faust vertraut hat. Man hat Melanchthon nicht einmal den Zeigefinger zugestanden, den er gegen den drohenden Krieg unermüdlich erhob, sondern nur die ausgestreckte Hand. Man hat ihn – vorsichtig – einen »Diplomaten« genannt, weil er als Politiker zu nachgiebig, zu kompromissbereit sei, ihn als einen »Mann ohne festen Standpunkt ..., ohne staatsmännische Eigenschaften« bezeichnet.

Wer meint, versöhnen statt spalten bedeute, die Soße der Harmonie über die Probleme der Welt zu schütten, der hat nicht verstanden, was die Aufgabe der Politik ist. Die Fähigkeit zum Kompromiss bewahrt vor den Extremen. Das schmeckt nach Mittelmäßigkeit. Das gefällt uns oft nicht. In einer Zeit der Superlative ist vielen der Komparativ zu wenig. Und manche warten immer noch auf die großen Weltverbesserer, die so tun, als könnten Probleme einfach dadurch gelöst werden, dass man kräftig mit der Faust auf den Tisch haut. Wer auf die Hand verzichten will, die zur Versöhnung ausgestreckt und bereit ist, wer die Fäuste sprechen lassen will, der redet dem Faustrecht das Wort und der Ellenbogengesellschaft. Philipp Melanchthons Werk der Versöhnung und Verständigung ist ein Zeugnis der Leuchtkraft humanen Denkens.

»Einigkeit der Kirche bei Verschiedenheit der Bräuche« hat er gefordert. Heute würden wir das Toleranz nennen. Und wir wissen, Toleranz heißt nicht: alles ist möglich, sondern Toleranz ist das schwere gegenseitige Aushalten trotz unterschiedlicher Auffassungen. Toleranz beginnt mit Respekt. Der Dialog ist der stärkste Feind der Intoleranz. Daran erinnert ja auch das Motto im Melanchthon-Jahr: »Zum wechselseitigen Gespräch geboren.« So lange um Toleranz gestritten wird, wird sie nicht bestritten.

Politik, das war für Melanchthon keine familienfremde Sache: Der Großvater mütterlicherseits, Johann Reuter, in dessen Haus Melanchthon seine Kindheit verbrachte, war Schultheiß. Auch der Bruder Melanchthons war für viele Jahre Brettener Schultheiß. Johannes Reuchlin, der Großonkel Melanchthons, der heute als Humanist bekannt ist, war im Brotberuf Jurist und Diplomat am Hof des Grafen Eberhard von Württemberg. Melanchthon galt als die politische »Gesamtautorität« der Reformation. Er kam ja viel unmittelbarer mit der Politik und ihren Vertretern in Berührung als Luther, dem die Foren der Reichspolitik seit 1521 verschlossen waren. Kein Reformator musste häufiger und für längere Zeit Kanzel und Katheder gegen Verhandlungstische eintauschen. Allein der Reichstag zu Augsburg hielt Melanchthon fast sieben Monate von seinem Lieblingsort fern: der Universität in Wittenberg.

Ich will ein weiteres Mal auf das Bild der geballten Faust Luthers und der zur Versöhnung bereiten Hand Melanchthons zurückkommen.

Wie oft wurde das Rauhbein dem Humanisten gegenübergestellt? Heinrich Heine formulierte beispielsweise 1834 in seiner »Geschichte der Religion und Philosophie in Deutschland«: »Die Feinheit des Erasmus und die Milde des Melanchthon hätten uns nimmer soweit gebracht wie manchmal die göttliche Brutalität des Bruder Martin.« Ranke war der Meinung, Melanchthon entbehre des Männlichen. Wie oft wurde der angeblich trinkende Berserker Luther dem asketisch lebenden Universalgelehrten Melanchthon gegenübergestellt? Hier sah man die Derbheit, dort die Milde, wohlgemerkt: glättend, nicht glatt. Hier die kraftvolle Durchsetzung der Reformation, dort die reflektierte Suche nach dem immer schwieriger werdenden kirchlichen und politischen Ausgleich.

Was wäre das für ein wunderbares Thema: die Freundschaft der beiden einmal mit zarteren Strichen nachzuzeichnen, darzustellen, wie sie, selten genug an unseren Universitäten, gegenseitig ihre Vorlesungen besuchen! Zu erinnern an die Sorge des geächteten Freundes, als Wittenberg von der Pest bedroht war: »Ich flehe Dich an«, schreibt Luther im Oktober 1521 an Spalatin, »lass Philippus abreisen ... Einen solchen Kopf muss man retten, damit nicht das Wort untergeht ...« Und im selben Jahr an Melanchthon: »Du folgst als ein Elisa dem Elia mit zweifachem Geist.« »Von ihm habe ich das Evangelium gelernt«, bekennt Melanchthon seinerseits dankbar. Und Luther nennt ihn zärtlich »mein kleiner Grieche«. »Ihn bewegen die großen Sorgen des Staates und der Kirche. Mich drücken nur die persönlichen Sorgen«, sagte Luther 1531 in einer Tischrunde. So könnte ich weiter erzählen aus den Briefen und Tischreden, könnte erzählen von ihrem Verhältnis zu Erasmus, von ihrem Ringen in der Frage nach »dem (un)freien Willen« und könnte auch reden von dem letzten, dem schwersten Dienst, den Melanchthon Luther erwiesen hat: von seiner Leichenrede auf den Freund. Hier die Faust und dort die offene Hand? Nein, das ist zu einfach. Luther konnte zärtlich sein und Melanchthon hart verhandeln. Die Geschichte von Luther und Melanchthon ist auch die Geschichte einer der wunderbarsten Freundschaften, von denen wir wissen.

Wer heute über das Verhältnis von Staat und Kirche, von Glaube und Politik nachdenkt, der scheint an einer ganz bestimmten Frage nicht vorbeizukommen. An der Frage nämlich, die wir in unserer Zeit auf die Bergpredigt konzentrieren: Kann man mit der Bergpredigt Politik machen? Anders ausgedrückt ist es die Frage nach der Schnittmenge von Glaube und Politik.

Was Melanchthon betrifft, so ist seine Antwort klar: Er hat sie zum Beispiel in seiner »Rede von der Würde der Gesetze« (1538) gegeben. Darin entkräftet er die Auffassung, »Christen müssten sich durch das Wort Gottes (politisch) regieren lassen«. Und 1530 schreibt er: »Zuerst ist es nötig, die Politik zu unterscheiden vom Evangelium, die Meinung ... zu zerstören ..., das Evangelium sei nichts anderes als eine politische Lehre, nach der man Staaten gründen könnte.« Gewiss, die »Sturmjahre der Reformation«, der Bauernkrieg, die Auseinandersetzungen mit dem Wiedertäufer- und Schwärmertum werden Melanchthon in dieser Auffassung bestärkt haben. Die Bauern nähmen das Evangelium ja bloß als Vorwand, sagt er zu Beginn seiner »Schrift gegen die Artikel der Bauernschaft« von 1525. Und – ebenso wie Luther – sperrte auch er sich gegen eine revolutionäre Interpretation des Evangeliums.

Aber die Argumentation Melanchthons ist verschieden von der Luthers. Der Mann, der mit dem Tintenfass nach dem Teufel warf, lebte in einer mittelalterlichen Endzeiterwartung. Für ihn war der Staat vor allem eine Notordnung Gottes für die Zeit bis zur Wiederkunft Christi. Ganz anders lesen wir es bei Melanchthon: Nicht Parusieerwartung prägte die Staatslehre des Humanisten, sondern sein historisch geschulter Rückblick auf das Staatswesen der Griechen und Römer. Er war fasziniert von der »Politik« des Aristoteles. Das Gesetz war ihm weniger Notordnung als vielmehr Voraussetzung politischer Stabilität und Gerechtigkeit, Grundlage für Frieden nach innen und außen.

Das ist ein sehr moderner Gedanke. Melanchthon vertrat ihn im Rückblick auf die Antike und damit im Wissen darum, wozu Menschen gegen Menschen fähig sind, wenn Rechtlosigkeit und Willkür herrschen. Die alte Geschichte, etwa die Kaiserviten, lieferte ihm zahllose Beispiele dafür. Wenn wir Melanchthon einen Humanisten nennen, dann doch nicht deswegen, weil er vorbehaltlos an das Gute im Menschen glaubte oder an die Selbsterlösung des Menschen durch den Menschen, sondern weil er die Erforschung der alten Schriften ins

Zentrum rückte. Das ist etwas ganz anderes als unser heutiges Verständnis von Humanismus. Sein historischer Realismus, sein Wissen um die Neigung des Menschen zum Bösen und zugleich sein Wissen um den Willen des Menschen zu Gerechtigkeit und Wahrheit drängen Melanchthon zu Thesen, die bis heute hochaktuell, ja, die eine Quelle politischer Weisheit sind: »Niemand ist auf die Führung eines Staates ausreichend vorbereitet ohne Kenntnis der alten Schriften«, sagt er 1526. Sie enthielten alle grundlegenden Einsichten für die Regierung eines Staates. Das ist aufgeklärtes Denken durch kundige, historische Rücksicht. Melanchthons Sätze über das Recht und den Staat sind ein Anfang der Emanzipation der Politik aus dem Bereich der Theologie.

Wenn wir heute diese Trennung von Gesetz und Evangelium hören, dann stellt sich uns die Frage: Ist das nicht eine Zwei-Reiche-Lehre? Aus der Sicht Melanchthons gewiss: Römisches Recht für den Staat und die Bergpredigt für zu Hause. Wer aber meint, Melanchthon gebe damit das Evangelium an die Politik preis, der irrt sich. In der »Schrift gegen die Artikel der Bauernschaft« (1525) steht nämlich nicht nur die Mahnung an die Aufrührer, die Bibel als Quelle zu gebrauchen und nicht als Waffe zu missbrauchen. Melanchthon schreibt dort auch, die Grenze des Gehorsams sei erreicht, wenn die Obrigkeit gebiete, gegen Gott zu handeln. »Dann nämlich soll man die Regel aus Apostelgeschichte 5 einhalten: Man soll Gott mehr gehorchen als den Menschen.« Wir wissen, wie schwer es der deutschen Theologie im 19. und in der ersten Hälfte des 20. Jahrhunderts gefallen ist, Apostelgeschichte 5 neben Römer 13 zu stellen, wie aus der Unterscheidung bei Melanchthon und Luther hernach eine Scheidung, eine verhängnisvolle Trennung wurde, mit der die Kirche in weiten Teilen der nationalsozialistischen Tyrannei ergeben und erlegen war.

Melanchthon hat uns ja selbst ein leuchtendes Beispiel dafür gegeben, wie Glaube und Politik trotz ihrer Unterscheidung letztlich doch aufeinander bezogen bleiben. Er hat ein Exempel statuiert, das unsere Geschichte und vor allem unser Jahrhundert beschämt. Der Großonkel Melanchthons, Johannes Reuchlin, selber Jurist und Diplomat, nach dem Tod des Vaters die prägende Persönlichkeit in Melanchthons Schul- und Studienjahren, ein großer Humanist, der sich um die Erhaltung jüdischer Literatur verdient gemacht hat, hat Melanchthon in die jüdischen Schriften und ihre Geschichte eingeführt. Aus dem Wissen um die Größe jüdischer Kultur hat sich Melanchthon – anders als Luther – nicht nur nicht zu antijüdischen Äußerungen hinreißen lassen, sondern er hat sogar in Brandenburg vor dem Kurfürsten Joachim II. gegen die Judenpogrome protestiert und den absurden, auch von Gelehrten vorgebrachten Vorwürfen der Brunnenvergiftungen, Hostienschändungen und Brandstiftungen durch Juden den Spiegel der Selbstkritik vorgehalten: »Es ist üblich, andere zu beschuldigen, wo wir doch besser unsere Sitten anklagen und bessern sollten«, schrieb er im August 1556. Melanchthon und die Juden – das ist ein Kapitel, das in den Adelskalender deutscher Geschichte aufgenommen gehört. »Glaube und Politik« – gehört die Bergpredigt aufs Rathaus? – Ich könnte noch viel zu diesem Thema sagen: könnte fragen, warum wir diese Frage so einschränken und nur auf das Verhältnis von »Glaube und Politik« konzentrieren und nicht auch auf das Verhältnis von »Glaube und Ehe« oder von »Glaube und Unternehmensleitung«. Ich könnte auch die Gegenfrage stellen: »Wie kann man ohne die Bergpredigt Politik machen?« Warum wird man gleich zum Schwärmer und Träumer abgestempelt, wenn man meint, Sanftmut und Barmherzigkeit seien politische Werte, auf die wir nicht länger verzichten können?

Ich könnte die Schriften Melanchthons vergleichen mit denen von Friedrich Naumann, der einmal gesagt hat: »Wir konstruieren unser staatliches Haus nicht mit den Zedern vom Libanon, sondern mit den Bausteinen vom römischen Kapitol.« Es wäre auch reizvoll, einmal zu untersuchen, ob Melanchthon – etwa in der Frage der Rechtmäßigkeit von Kriegen – nicht doch mehr von der Bergpredigt her dachte, als er selbst zugegeben hat. Der Sohn eines Waffenschmieds setzte ja sein ganzes diplomatisches Geschick ein, um Krieg zu verhindern. Er wusste, was Krieg bedeutet. Mit elf Jahren wurde er zum Kriegswaisen. Er betonte die Ordnung, weil er sah, dass ihre Zerstörung zum Auseinanderbrechen der kirchlichen Eintracht und des Reiches führen würde – und damit unweigerlich zu Krieg. Er musste ja selbst den Schmalkaldischen Krieg 1546/47 erleben, der der erste Konfessionskrieg war und dem viele folgten. Und ich glaube, dass Melanchthon in der Frage von Krieg und Frieden Erasmus besonders nahe stand: »Dulce bellum inexpertis« – »Süß schmeckt der Krieg den Unmündigen«.

Ich könnte weiterfragen, ob Melanchthon christliche Politiker für die besseren Staatsmänner gehalten hat. Es hat sich ja inzwischen herumgesprochen: Wer als Christ politisch handelt, braucht sich nicht automatisch einer bestimmten Partei zuzuwenden. Und auch Christen in derselben Partei haben ja keineswegs immer die gleiche Haltung zu politischen Fragen: Sie bringen aber christliches Denken ein in häufig komplizierte politische Entscheidungsprozesse. 1530 schrieb Melanchthon in den einleitenden Bemerkungen seines Kommentars zur »Politik« des Aristoteles: »So wie es wünschenswert ist, dass ein Arzt fromm sei, genau so ist es auch wünschenswert, dass jemand, der ein Staatswesen leitet, fromm sei.« Melanchthon erachtete es also für nützlich, wenn ein Politiker Christ sei, für notwendig hielt er aber etwas ganz anderes: »Die Erde kann im Zweifel eher auf die Sonne verzichten als die Politik auf die Geschichte«, sagte er 1518 in seiner Antrittsvorlesung. Die schlimmen Beispiele religiös-fundamentalistischer und autoritär-diktatorischer Regime unterstreichen auch in unserer Zeit die Bedeutung von Melanchthons staatsrechtlichem Ansatz, der zuerst auf der Vernunft und nicht auf der Religion oder einer Ideologie basiert. Melanchthon hatte Recht, wenn er davor warnte, das Evangelium als eine politische Lehre zu lesen, nach der man Staaten gründen könnte. Aber er hatte nur Recht darin, weil er zugleich biblische Kernaussagen auf das politische Leben bezog.

Wo aber lernt man etwas über die Politik, über die Geschichte des Rechts, über die Geschichte der Sprache, der verschiedenen Kulturen und Völker? In der Schule, antwortete Melanchthon, im Dialog mit »den klarsten Quellen der besten Autoren«, vermittelt durch tüchtige Lehrer. Damit komme ich zu einem besonders schönen und wichtigen Bereich, in dem uns Melanchthon als Politiker begegnet, genauer gesagt, als Bildungspolitiker und auch als Fürsprecher einer bestimmten Jugendpolitik. Besonders schön, weil ich bei allem Weh und Ach über den Bildungsnotstand unserer Zeit, über unmögliche und freche, über lernunwillige und lernunfähige Schüler keine schönere Klage kenne als Melanchthons »Rede von den Leiden der Lehrer« (1533). Sie gehört ans »schwarze Brett« eines jeden Lehrerzimmers unserer Schulen.

»Gibt es einen Esel«, fragt er darin, »der je in der Mühle so viel Übles zu erdulden hätte wie der Durchschnitt der Lehrer im Unterricht?« Frechheit, Respektlosigkeit, Ungezogenheit, Unbändigkeit, Müßiggang und Faulheit finde man bei den Schülern über die Maßen. Überhaupt: alles Schlafmützen, so weit man blicke. Ja, fast nimmt seine Rede derbe Züge an, wirkt wie aus der Feder Luthers, wenn er sagt, nicht einmal die »Insassen eines Arbeiterlagers« seien übler dran als die Lehrer. Es sei wohl leichter, »einem Kamel das Tanzen« und »einem Esel das Geigen« beizubringen, als einen Schüler zu unterrichten. Ich freue mich über diese Rede, weil sie die modernen Jeremiaden über die Schule ins rechte Licht rückt, weil bei aller Klage der Humor nicht zu kurz kommt und weil sie mich an den Prediger Salomo erinnert, der ja gesagt hat, es geschehe nichts Neues unter der Sonne.

Ich freue mich vor allem darüber, weil sie nicht Melanchthons letztes Wort über die Schule geblieben ist. Drei Jahre später, 1536, hält er nämlich seine »Rede vom Lob schulischen Lebens«, in der er ausführt, dass »keine Daseinsform mehr Freude bringt als das schulische Leben«. Und diese Rede gehört erst recht an jedes »schwarze Brett«, nein, in jedes Lehrerherz gehört sie. Schule, das ist für Magister Philippus nämlich alles andere als ein Jammertal. Sie ist ihm die höchste Lebensstufe, die Erinnerung an das »goldene Zeitalter« der Antike, »Füllhorn des Wissens«, einfach das Paradies: »So stelle ich mir das Leben Adams vor«, hat er einmal gesagt.

Melanchthon entwickelte eine unglaubliche Energie für die Errichtung von Schulen. Er hat die Gründung von Elementarschulen und auch von Höheren Schulen betrieben. »Wer Schulen gründet und die Wissenschaften pflegt, der macht sich um sein Volk und die ganze Nachwelt besser verdient, als wenn er neue Silber- oder Goldadern fände.« Wohlgemerkt, zweihundert Jahre vor der Einführung der allgemeinen Schulpflicht (in Preußen 1717) stellte er Lehrpläne auf, gab Schulbücher heraus und setzte sich für Unterrichtsreformen ein.

Melanchthon steht auf der Seite der Jugend. Ihr Anwalt ist er. Und die Erwachsenen ermahnt er, ihre Kinder unterrichten zu lassen. Dann würden sie »der Schutz der Stadt sein«. »Kein Bollwerk und keine Befestigung macht eine Stadt stärker als gebildete, ausgebildete Bürger«: diese Worte Melanchthons wirken. In unserer Zeit, die man vielleicht zugleich als Zeit des Bildungsbooms wie des Bildungsnotstands bezeichnen kann, in der Spezialwissen, Information und Kommunikation einen großen Markt haben, in der aber auch vielfach Information mit Bildung verwechselt wird und in der wie nie zuvor das Wissen die Weisheit überflügelt hat, in einer solchen Zeit erscheint die Rückbesinnung auf Melanchthon wie ein Fortschritt. Digitale Information ist etwas anderes als humanistische Bildung. Ich glaube, dass wir heute weder auf das eine noch auf das andere verzichten können. Dem kräftigen »Ja« zur CD-ROM in unseren Schulen muss die Mahnung mitgegeben werden, dass nicht alle Wege nach CD-ROM führen. Auch im Zeitalter des Computers brauchen wir die alten Sprachen, wenn wir dem Morgen, wenn wir die Zukunft verpflichtet bleiben wollen, »damit unser Land seine Frucht gebe«, wie es im Psalm heißt.

»Saatgut unseres Landes« – so nennt Melanchthon die Jugend einmal. Er will damit sagen, dass unsere Bildungspolitik, dass unser Umgang mit unseren Kindern und der Jugend, dass unsere Jugendpolitik heute darüber entscheiden, welche Ernte unser Land morgen zu erwarten hat. Wer hier Kosten oder Mühen scheut, wer den Kontakt zur Jugend abbricht – ich meine nicht nur die Politiker, sondern auch die Lehrer und die Pastoren, die Eltern und die Großeltern –, wer die jungen Menschen in ihrer Zeit nicht ernst nimmt, der hat die Saat mitzuverantworten, die er verwildern ließ. Der wird die schmerzhafte Erfahrung machen, wie nahe beieinander ein goldenes Garbenfeld und ein von Holzkreuzen übersätes Gräberfeld liegen können. »Je besser der Zustand ist, in dem sich ein Staatswesen befindet«, so schreibt Melanchthon in seinem »Lob des schulischen Lebens«, »desto großzügiger verhält es sich gegenüber denen, die den Künsten und Wissenschaften nacheifern.«

Wenn wir diese Worte hören, dann wissen wir nicht erst seit der Entdeckung der Atome, dass es in der Wissenschaft seit eh und je immer auch einen gefährlichen Eifer gegeben hat, dass der Mensch viel mehr kann, als er darf, dass er eine tragfähige Antwort auf die Frage sucht, ob er in bestimmten Fällen auch wirklich tun darf, was er tun kann. Auch Melanchthon hat um die Schwierigkeit des Verhältnisses der Ethik zur Forschung gewusst, wenn er sagt, die Erhaltung und Verbreitung »lebensförderlicher Wissenschaft« sei die »heiligste und Gott wohlgefälligste Tätigkeit im Leben«. Wir brauchen die Unterscheidung zwischen dem, was menschenmöglich, und dem, was ihm zuträglich, was lebensförderlich ist. Denn menschenmöglich ist auch das Unmenschliche. Der Streit geht ja darüber, wie wir das Zuträgliche in einer Welt bestimmen können, die immer auch mit der inhumanen Möglichkeit des Menschen rechnen und sich vor ihr schützen muss. Wir stehen vor der Aufgabe, das Können des Menschen zu verbinden mit seinem Sollen, die Lücke zu verkleinern zwischen seinen intellektuellen und seinen moralischen Fähigkeiten.

»Der Außenminister der Reformation« – »Versöhnen statt spalten« – »Glaube und Politik« – »Der Bildungspolitiker«: Das waren einige der Stationen, an denen entlang ich mich gern ins Nachdenken habe bringen lassen, die ich verstehen und verständlich machen wollte aus ihrer Zeit und für unsere Zeit. Der Ausblick in das Besondere der Freundschaft zu Martin Luther war mir dabei wichtig. Und ich hätte wohl Lust, weitere Stationen zu benennen: »Melanchthon und Europa« wäre ein reizvolles Thema. Einmal berichtet er beispielsweise, dass an seinem Tisch elf Sprachen gesprochen worden seien ...

Nein, Melanchthon ist nicht der Schattenmann der Reformation. Da gefällt mir der Vergleich von Elia und Elisa schon besser. »Christus erkennen, heißt seine Wohltaten erkennen«, hat Melanchthon immer wieder gesagt. Für Melanchthon, den »Praeceptor Germaniae«, den Lehrer Deutschlands, gilt in besonderer Weise der Satz: »Ihre Lehrer werden leuchten wie des Himmels Glanz.«

Philipp Nicolai

1556–1608

Wie gedenkt man der Menschen, die in der Geschichte unseres Landes oder unserer Kirche Spuren hinterlassen haben? Wie geht man um mit Philipp Nicolai? Oder mit Martin Luther, dessen 450. Todestag zum Lutherjahr 1996 geführt hat? Was macht man mit Philipp Melanchthon, dessen Gedenken 1997 zu feiern ist? Wollen wir einen Heiligenkalender zusammenstellen? Wollen wir Heldengedenktage feiern?

Die Bibel rät uns dazu nicht. Der Hebräerbrief sagt uns: »Weil wir aber eine solche Wolke von Zeugen haben, lasset uns aufsehen auf Jesus, den Anfänger und Vollender unseres Glaubens.« Wir sollen also nicht auf die Zeugen blicken, sondern auf den Blick der Zeugen. Wir sollen von dem reden, was uns solche Männer und Frauen in ihrer Geschichte, in ihren Liedern, in ihrem Leben bezeugen wollten. So wird es uns mit Philipp Nicolai ergehen können und mit Martin Luther und mit Philipp Melanchthon und mit den anderen Zeugen, an die wir denken.

Wenn ich aus Düsseldorf nach Unna fahre, und ich nehme den Weg über den Ruhrschnellweg, dann habe ich ein schönes Bild von unserem Land. Ich habe hohe Fördertürme und große Fußballstadien, moderne Fabriken, riesige Fernsehtürme, alte Forstbestände und schöne Flusslandschaften. Aber ich kann die Fahrt auch anders machen. Ich kann an anderes denken als an das, was wir in unserer Generation, was unsere Väter geschaffen haben. Ich könnte ja einmal, weil der Festgottesdienst zum Gedenken an Philipp Nicolai das Ziel meiner Reise nach Unna ist, an die Lieder denken, die da entstanden sind.

Ich komme aus Düsseldorf und denke an Joachim Neander, der einmal Neumann hieß. Er war der Rektor der Lateinschule der Reformierten Gemeinde. Sein Lied »Lobe den Herrn, den mächtigen König der Ehren« gehört zu dem, was eine eiserne Ration ist für Christen aller Konfessionen. Von Düsseldorf fahre ich nach Mülheim an der Ruhr und denke an Gerhard Tersteegen. »Ich bete an die Macht der Liebe«, hat er gedichtet. Viele kennen das Lied nur noch vom großen Zapfenstreich. »Gott ist gegenwärtig«, hat er uns erinnert, »lasset uns anbeten und in Ehrfurcht vor ihn treten.« Und dann komme ich nach Unna und denke an Philipp Nicolai, der am Reformationstag vor vierhundert Jahren als lutherischer Prediger hierher kam, und der mit zwei Liedern in unserem Gesangbuch vertreten ist, die unvergesslich sind, unvergessbar.

Das sind Lieder, die die Geschichte überdauert haben, Lieder, in denen nicht die Rede ist von den konfessionellen Querelen und Grabenkämpfen der damaligen Zeit. Aber auch von denen muss man erzählen, wenn man von Philipp Nicolai spricht, so wie man davon erzählen müsste, wenn man von dem größten Liederdichter unserer Geschichte, von Paul Gerhardt, spricht, der wie kein anderer die Geschichte des Kirchenliedes in Deutschland mitgeschrieben hat.

Was war das für eine Zeit? Ich muss daran denken, dass ich am Reformationstag abends in der Dreieinigkeitskirche in Regensburg war, und dass der evangelische Dekan, der Domvikar und der Weihbischof gemeinsam Reformationsfeier hielten. Das ist ein Wunder vor unseren Augen. Ich kann mich noch gut erinnern an das Haus in der Riescheiderstraße 14 in Barmen, in dem ich aufgewachsen bin. Im Parterre lebte eine Familie, deren Namen ich jetzt nicht nenne. Aber katholischer als diese Familie konnte man gar nicht sein. Und im ersten Stock wohnte die evangelisch-pietistische Familie Rau. Im zweiten Stock lebte der Blockwart, der im Krieg immer die Fahne raushängte. Und wenn dann die Frau vom Parterre am Karfreitag die Treppe putzte, damit meine Mutter wusste, dass sie katholisch war, dann rächte man sich eben, indem man an Fronleichnam die Wäsche raushängte. So ist das damals gewesen

So ist das gewesen, als kein Domvikar zur Reformationsfeier kam. Nun könnten wir ja darüber lachen und sagen: »So anständig waren die vor vierzig, fünfzig, sechzig Jahren.« Nein, wenn wir in die Zeit Philipp Nicolais blicken, dann werden wir feststellen: Das ist kein katholisch-evangelisches Problem, da standen nicht nur Protestanten gegen Katholiken, da standen Lutheraner gegen Reformierte.

Was die Lutheraner und die Reformierten getrennt gedichtet haben, das steht heute vereint im Evangelischen Gesangbuch. Noch mehr: Es trägt bei zur Einheit der Christenheit. Es wird gesungen in aller Welt zum Lobe Gottes, und darum steht es auch längst im »Gotteslob«, dem katholischen Gesangbuch. Martin Luther hat wohl Recht, wenn er sagt: »Musika ist eine halbe Disziplin und Zuchtmeisterin, die die Menschen gelinder und sanftmütiger, sittsamer und vernünftiger macht«. Philipp Nicolai, der fünf Jahre lang hier Prediger in Unna war, hat aber nicht nur Lieder gedichtet. Er hat Streitschriften verfasst gegen die katholische Kirche. Die »Disputation über die zwei hauptsächlichen Antichristen Mohammed und den römischen Papst in zweiundneunzig Sätzen« oder die Schrift: »Um den römischen Antichrist, den Sohn des Verderbens.« Und auch mit den Reformierten hatte er es nicht. Wie hat er gestritten gegen Pfarrer Heinrich Krane! Wie hat er geholfen, dass Christoph Petzel und Urban Pierus aus Wittenberg vertrieben wurden! Nein, wer sich diesen Philipp Nicolai genauer ansieht, der wollte ihn, soweit er ein unduldsamer Konfessionalist war, nicht zum Gegner haben.

Er war ein schlagfertiger Gelehrter, und oft wandte er das Schwert gegen die Mitchristen. Da wird er scharf und hitzig. Da nennt er Reformierte »heillose Verführer, die ihr giftig Unkraut ungehindert und unverschämt ... ausstreuen«. Er schimpft, er spricht von »Höllengeplärr und Schlangengewispel«. Und er vergleicht die Calvinisten mit der Heuschreckenplage in der Offenbarung des Johannes. Offenbar waren das Menschen ihrer Zeit, die auch in den Vorurteilen ihrer Zeit gefangen waren, so wie etwa Gottfried Arnold, dem wir das Lied »O Durchbrecher aller Banden« verdanken und der sich »über den schrecklichen Grimm« Philipp Nicolais beklagt.

Die Epoche, in der Philipp Nicolai lebte, war von Schwierigkeiten gekennzeichnet. Es gab eine Krise in Europa. Staat und Wirtschaft waren hinfällig bis zerstört. Die Wissenschaft verdaute den Umbruch zur Moderne nicht. Und dann, Philipp Nicolai war ein Jahr in Unna, kam die Pest, kam der schwarze Tod und wütete von Lübeck bis Frankfurt. Hier in Unna war es besonders schlimm. Es gab so gut wie kein Haus, in dem es keine Opfer gab. Jeder dritte Bürger wurde ein Raub des Todes, ein Drittel der Menschen.

Philipp Nicolai verlor seine beiden Schwestern. Er war ein Pfarrer mit Terminkalender. Manchmal zwanzig, manchmal dreißig Beerdigungen am Tag, weil die Pest wütete. Die Stadt war ein Jammertal. Bedrohung war das alles beherrschende Gefühl, Angst das Kennzeichen des Lebens. Und Philipp Nicolai rechnete mit dem Weltuntergang. Er hatte es ausgerechnet: Im Jahr 1670 wird die Welt zu Ende sein. Der Streittheologe wird zum Seelsorger der Siechenden und der Sterbenden. Da reicht er seinem sterbenden Amtsbruder Kersting das Abendmahl.

Er selber war von der tödlichen Plage bedroht, und in dieser Bedrohung schuf er ein leuchtendes Glaubensbekenntnis. Wenn wir das Lied, das wir eben gesungen haben, noch einmal sängen und würden es singen als einen Gruß an die Kranken und Sterbenden, an die Trauernden und Zweifelnden, würde es nicht ganz anders klingen? Klingt es nicht ganz anders in einer Zeit, in der alles in den Dörfern und Städten vom Tod bedroht ist? Und so schreibt dann Philipp Nicolai, dass er seine beiden Lieder »Wachet auf, ruft uns die Stimme« und »Wie schön leuchtet der Morgenstern« »allen betrübten Christen, so in diesem Jammertal das Elend auf mancherlei Wege bauen müssen zu seligem und lebendigem Trost« widmet.

Alle Streitschriften sind vergessen. Jetzt erscheint der »Freudenspiegel« als seine tiefste und schönste Schrift. Aus der Welt des Streitens blickt er in das strahlende Licht der himmlischen Herrlichkeit. Wer das »Gloria sei dir gesungen« und das »Halleluja für und für« so im Ohr hat, wie Bach es vertont hat, dem bleibt es unvergesslich. Der spürt bis heute etwas von der wärmenden Kraft und der wird auch vierhundert Jahre später noch seltsam berührt und wirklich getröstet. Darum nennt man die beiden Lieder die Könige unter den Chorälen.

Auch dann, wenn die barocke Sprache Philipp Nicolais nicht mehr die unserer Welt ist. Manchmal möchte man sich abgrenzen. Da ist von »Blümelein« und von »Äugelein« die Rede, aber im Gesangbuch ist das schon verändert. Da steht »Augen« statt der »Äugelein«. Uns wirken manche Bilder zu dicht. Wenn wir heute von Jesus reden, dann nicht mehr vom »Jesulein, dem wunderschönen Bräutigam mein«. Und auch die Todessehnsucht, die in diesem Lied anklingt, kann man wohl nur empfinden, wenn man die Zeit Nicolais erlebt hat. Wir Christen heute lesen nicht nur die Offenbarung des Johannes als die Nachricht vom kommenden Reich, sondern auch das Hohelied Salomos als den Freudengesang über unser Leben.

Dennoch: Man fühlt sich seltsam angerührt von der Dichtung und der Komposition Nicolais. Seine Worte erreichen uns und sie wirken. Sie sind ein kunstvoller Ritt durch Gleichnisse der Bibel. Und wir sind froh, dass wir sie singen dürfen. Wir singen sie im November, in einem Monat, der schwer auf vielen Menschen lastet, weil er immer wieder Erinnerung an Leid und Sterben auf uns legt. Uns plagt anderes als die Pest.

Uns plagt, dass es den Tod gibt und dass dieser Tod vielfältige Erscheinungen hat. Es ist nicht mehr der schwarze Tod, sondern der soziale Tod unserer Tage. Der Frust darüber, dass menschliches Miteinander nicht mehr wirkt, dass Bindungskräfte nachlassen, dass die Atmosphäre in Ehen und Partnerschaften, in Familien und Beziehungen vielfach verpestet ist, kalt und tot. Uns plagt Arbeitslosigkeit und uns plagt, dass es Regionen gibt, in denen jedes Haus davon betroffen ist, so wie damals bei der Pest. Wir haben auch eine schwere Wirklichkeit des Lebens auszuhalten und durchzuhalten.

Da ist es gut zu wissen, dass wir etwas haben, das stärker ist und an das uns Philipp Nicolai erinnert. »Von Gott kommt mir ein Freudenschein, des klopf ich in die Hände«, hat er gedichtet. Die Liederdichter haben davon immer wieder gesprochen und in immer anderen Liedern. Das »Gloria« aller Kirchenlieder, die »güldene Sonne«, die »Sonne der Gerechtigkeit« oder eben jenes schöne »Leuchten des Morgensterns«, wie es Philipp Nicolai beschreibt. Dieser Morgenstern findet sich auch im Liedgut unserer Tage. Bei Jochen Klepper, dem Mann, der mit seiner Frau, mit seinen Kindern in den Tod ging, damit seine Frau nicht ins Konzentrationslager musste. »Auch wer zur Nacht geweinet, der stimme froh mit ein, der Morgenstern bescheinet auch deine Angst und Pein.«

Die Botschaft Philipp Nicolais und Jochen Kleppers ist die gleiche: »Das Licht scheint in der Finsternis«; »Das Volk, das im Finstern wandelt, sieht ein großes Licht«. Der Tod behält nicht das letzte Wort. Jochen Klepper sagt: »Noch manche Nacht wird fallen auf Menschenleid und -schuld«. Aber dann gilt doch auch, was er weiter sagt: »Doch wandert nun mit allen der Stern der Gotteshuld. Beglänzt von seinem Lichte hält euch kein Dunkel mehr, von Gottes Angesichte kam euch die Rettung her«.

Wir sind machtlos gegen den Tod. Er kommt. Er kommt nicht nur in Pestzeiten. Und er wirkt schon in unser Leben hinein, indem er unsere Lebenszeit verkürzt. Jahr für Jahr, Tag für Tag, Stunde für Stunde. Aber davon haben sich die Liederdichter nicht beeindrucken lassen. Auch Philipp Nicolai wusste, was für den Tod gilt, gilt erst recht für Gott. Gott kommt. Und auch er wirkt und arbeitet an dieser Welt. Und weil Gott kommt, darum behält alles Schwere nicht das letzte Wort, sondern die Dankbarkeit.

Dafür hat Philipp Nicolai selber ein Beispiel gegeben, als er sich den Pestkranken zuwandte, sie besuchte, sie tröstete. Dafür stehen seine Lieder. Er war ein Zeuge, der in seiner Zeit lehrte und gebunden war, der aber aus seiner Zeit hervorgetreten ist. Er ist hervorgetreten, um einzutreten in den Kreis der anderen Liederdichter auf der Straße von Düsseldorf nach Unna. Er wollte sich einreihen in den größeren Kreis aller, die mit Strophen und Versen, die mit Worten und Werken, mit ihren guten Gaben Gott die Ehre erweisen. Es ist gut, wenn wir das »Halleluja für und für« im Ohr behalten. Und das »Gloria« im Herzen, damit wir tätige Liebe leben können.

Gerhard Tersteegen

1697–1769

Wir denken 1997 nicht nur an Gerhard Tersteegen. Wir denken auch an Heinrich Heine, der im Dezember 200 Jahre alt würde. Es wäre interessant, die Feierlichkeiten für die beiden Dichter vom Niederrhein einmal miteinander zu vergleichen: Der in Düsseldorf Geborene und im Pariser Exil Gestorbene ist so sehr auf allen Plakaten und in aller Munde, dass man nur hoffen kann, er komme uns nicht schon bald zu den Ohren wieder heraus und werde auch nächstes Jahr noch gelesen. Ganz anders verhält es sich mit Gerhard Tersteegen: Der ist im Vergleich zu Heine weithin unbekannt. Aber es fällt auf, dass einige seiner Lieder genauso verbreitet sind wie manche Gedichte Heines.

Ich vermute, dass beide damit gut leben könnten: Heine, der diesseitsbezogene Spötter, der das »Himmelreich auf Erden« einklagte gegen das »Eiapopeia vom Himmel«. Er wäre gewiss entzückt über das Nachleben seines Namens und über den Ruhm. Und wir gönnen ihm das. Und Tersteegen, der jenseitsbezogene Fromme. Er würde sich wohl darüber freuen, dass seine Lieder auch um die Jahrtausendwende gesungen werden und so etwas wie eine »eiserne Ration« geworden sind; dass man sie singt, wenn einen kein Wort und keine Predigt mehr erreicht. Um das Fortleben seines Namens hat er sich keine Sorgen gemacht. So etwas empfände er auch heute als eitel und nichtig. Für ihn galt: Vergessen und Vergessenwerden bringt Seelenfrieden.

Aber zwischen Heine und Tersteegen stehen nicht nur unterschiedliches Temperament und verschiedene Weltanschauung, sondern auch hundert Jahre Geschichte, die Französische Revolution und das Fortschreiten der Aufklärung. Als Gerhard Tersteegen vor 300 Jahren geboren wurde, da war die Erinnerung an die schrecklichen Verheerungen des Dreißigjährigen Krieges lebendig; da galt noch das Wort von Andreas Gryphius, das ganze Vaterland verscharre sich in seiner eigenen Asche.

Als zwei Jahre nach Tersteegens Geburt der Spanische Erbfolgekrieg begann, da war diese Asche noch nicht verstoben; da kam von neuem ein Morden und Sterben über die Völker in ganz Europa. Und wenn Tersteegen uns immer wieder dazu rät, »der Bilder alle zu vergessen«, dann, so glaube ich, hatte er diese Situation unmittelbar vor Augen; er wollte, dass die schrecklichen Bilder und Ereignisse des Krieges nicht länger Gewalt über die Köpfe haben. Könnte es nicht sein, dass seine Absage an die Welt nicht auch zuerst eine Absage an die Welt des Krieges war?

Ich weiß: Vielen schmeckt das nicht. Sie stellen uns Tersteegen als einen verklärten, frommen Beter vor, als einen Stundenbruder, der von der Welt nichts wissen, der das irdische Jammertal überwinden wollte, der seinen Blick allein auf das himmlische Jerusalem gerichtet habe. Und wenn man hört, wie uns sein Alltag geschildert wird, dann fällt einem nicht nur Max Webers Theorie von der asketisch-protestantischen Arbeitsethik ein, sondern dann muss man der Frage nachgehen, die da heißt: War er denn nun so ganz von dieser Welt? Oder war er es nicht?

Gerhard Tersteegen war Seidenbandwirker. Und in einem zeitgenössischen Lebenslauf heißt es, er und sein Mitarbeiter arbeiteten von morgens 6.00 Uhr bis um 11.00 Uhr, »hierauf sonderten sie sich ein Stündchen ab, um dem Gebet zu obliegen«, von 13.00 bis 18.00 Uhr setzten sie die Arbeit fort und »verwendeten abermals ein Stündchen zur Absonderung und zum Gebet«. »Da nun der Leib sein Tagewerk vollendet, mein Geist sich auch zu seinem Werke wendet, zu beten an, zu lieben inniglich, im stillen Grund, mein Gott, zu schauen dich.« Er schrieb drei bis vier Briefe und dichtete:

»Die Dunkelheit ist da und alles schweiget;
mein Geist vor dir, o Majestät, sich beuget.
Ins Heiligtum, ins Dunkle kehr ich ein;
Herr, rede du, lass mich ganz stille sein.«

111 Lieder hat er uns hinterlassen. Das muss schon ein seltsamer Vogel gewesen sein, dieser »Heilige des Protestantismus«.

Wir besitzen kein Bild von ihm, aber wir können uns ein verlässliches Porträt von ihm machen: Als siebtes von acht Kindern wird er in Moers geboren. Er besucht etwa zehn Jahre das Gymnasium dort, die damalige Lateinschule. In einer Zeit, in der der Religionsunterricht und die alten Sprachen zunehmend in Frage gestellt werden, ist es interessant zu sehen, wie vor dreihundert Jahren der Schulalltag eines Mannes aussah, der später Kaufmann und selbstständiger Handwerker geworden ist: Der Unterricht bestand im Wesentlichen aus Griechisch, Hebräisch, Latein und vier Stunden Katechismuskunde täglich.

In der Kaufmannslehre bei seinem Schwager in Mülheim macht er die Erfahrung, dass Lehrjahre keine Herrenjahre sind. Er wechselt den Beruf und wird Weber, Seidenbandweber, Bandwirker, wie das damals hieß. Er macht die Bekanntschaft Erweckter, die ihm die Schriften der Mystiker nahe bringen, französischer, spanischer und niederländischer Mystiker. Davon ist er so beeindruckt, dass er das Gelesene ins Deutsche übersetzt. Und dann kommt das Jahr 1724, der Gründonnerstag, an dem er sich »seinem Heiland und Bräutigam« mit seinem eigenen Blut »verschreibt«. So fremd uns das ist: Unserer Zeit fehlt es an Menschen, die Briefe mit Herzblut schreiben. 1728, er ist 31 Jahre alt, steht er bereits am Ende seiner bürgerlichen Karriere: Er gibt seinen Beruf auf und lebt bis zu seinem Tod seinen Glauben mit all der Inbrunst, die seine schwache Konstitution erlaubt.

Nur einmal in seinem Leben steigt er auf die Kanzel, in einer Mennonitengemeinde in Krefeld. Den Pastoren passt der seltsame Wanderprediger nicht. Sie verweigern ihm die Kanzel. Er muss in Scheunen und Schobern das Wort auslegen, in Schuppen und schummrigen Ställen. Sie beschweren sich beim Konsistorium über ihn, sie wollen ihn loswerden. Aber die Kirchenleitung hat an seiner Lehre nichts auszusetzen. Und er hält an der Landeskirche fest. Im Separatismus sieht er keine Alternative. Es wirkt wie ein spätes Zeichen des Respekts, dass sein Gemeindepastor ihm schließlich die Trauerrede hält.

Im »Kurzen Bericht von der Mystik« beschreibt Tersteegen, wie wir uns sein Leben vorstellen können: »Mystiker reden wenig, sie tun und sie leiden vieles, sie verleugnen alles, sie beten ohne Unterlass, der gemeine Umgang mit Gott ist ihr ganzes Geheimnis.« Solche Sätze haben dazu beigetragen, ihn in die Ecke des »So ich ihn nur hab« zu stellen, so zu tun, als wären ihm die Welt und ihr Schicksal egal gewesen. Man hat bisweilen den Eindruck, als wollten viele seiner Verehrer sein »Irdisch noch« nicht wahrhaben, als hörten und sähen sie allein auf das »schon himmlisch sein«. Aber wenn ich das Leben und die Lieder Tersteegens richtig verstehe, dann gehörte er nicht zu denen, die den Evangelisator anschmeißen und den Rest anderen überlassen, dann war er alles andere als ein weltabgewandter Schwärmer. Im Gegenteil: Er konnte sich auch an der Welt und ihren Gaben erfreuen. Er hat herrliche Strophen gedichtet:

»Der Abend kommt, die Sonne sich verdecket, und alles sich zur Ruh und Stille strecket ... der Wandersmann legt sich ermüdet nieder, das Vöglein fliegt zu seinem Neste wieder, dass Schäflein kehrt in seine Hürde ein: lass mich in dich mein Gott gekehret sein.« Mich erinnert das an Paul Gerhardts »hochbegabte Nachtigall« und »unverdrossne Bienenschar«.

Es ist gut, dass wir heute wieder daran erinnert werden, dass Mystik den Menschen eben nicht aus der Welt herausreißt; dass Mystik nicht im Schweigen ihre Erfüllung findet, sondern in der Tat. Daran erinnern Dorothee Sölle und Jörg Zink mit ihren Büchern über die Mystik: Die Abkehr von Vergnügen und Zerstreuung steht im Dienste der Konzentration auf ein dem Mitmenschen zugewandtes Leben. Nach Gebet und Kontemplation sind die Mystiker mit neuer Kraft zurück in die Welt gekommen und mit innerer Freiheit. Häufig sind es ja gerade Mystiker gewesen, die sich einem sozialen Leben zugewandt und Reformen auf allen Gebieten gefordert haben. »Hiergeblieben« heiße die Antwort des Heiligen Geistes, hat Eberhard Jüngel einmal gesagt. Dieses »Hiergeblieben« hat der Institution oft nicht gepasst. Staat und Kirche haben ihre Mystiker vielfach verfolgt: Johannes vom Kreuz verbrachte Jahre im Gefängnis der Inquisition. Meister Eckhart entging seiner Verurteilung nur dadurch, dass er starb. Über Martin Luther, von dem wir wissen, dass er mehrere Stunden am Tag betete, wurde der Bann gelegt und die Reichsacht. Madame de Goyon, deren Schriften Tersteegen viel verdankte, verbrachte Jahre in der Bastille. Sie alle sind Mystiker gewesen, die ein Herz für die Welt hatten. Ich sage das, weil ich glaube, dass wir eine neue Erbaulichkeit brauchen, dass wir endlich und hoffentlich wieder zum »ora et labora« zurückfinden. Aber eine Erbaulichkeit, die sich der Gesellschaft versagt, ist hier nicht gemeint, war auch von Tersteegen nicht gemeint, sondern Zuwendung und nicht Abwendung oder Separation.

Daran erinnert uns Gerhard Tersteegen doch: Seine Predigten richteten die Menschen auf; die Zahl seiner Briefe geht in die Tausende.

Aus ihnen spricht Trost und bleibend Tröstliches. Er wandte sich zu, wo er konnte; er besuchte auf vielen Reisen die Menschen und er wurde zu Hause in seiner »Pilgerhütte« von ihnen besucht; er ermutigte Zweifelnde und er stärkte Zaghafte; er verteilte Heilmittel an Bedürftige, Heilmittel, die er eigens mixte und braute, weil er – selber ein Kranker – um den Wert der Gesundheit wusste. »Tagtäglich wälzte sich eine Flut von Rat- und Hilfesuchenden zu seiner Wohnung. Oft war er von mehr als 30 bekümmerten Seelen auf einmal umringt«, schreibt einer seiner Schüler.

Mir war wichtig, daran zu erinnern, damit nicht der Eindruck entsteht, Tersteegen sei von der Sorte derer gewesen, die Jesus predigen und Kattun meinen, die sich einen Teufel um ihre Mitmenschen scheren, die Not und Elend kalt gelassen hätten und die von Gott sprechen, um sich selber zu verwirklichen. Vor denen warnt uns ja das Gleichnis vom barmherzigen Samariter.

Albrecht Goes hat Tersteegens Stimme einmal die »Vox spiritualis« des Kirchenliedes genannt. Für mich selber gehört diese Stimme nicht nur in den Chor derer, die am Niederrhein Kirchenlieder gedichtet haben, zu Matthias Jorissen, dem Psalmendichter und Schüler Tersteegens, der aus Wesel stammt, und zu Joachim Neander, der in Düsseldorf Rektor der Reformierten Lateinschule war. Darüber freue ich mich. Aber es gibt noch mehr. Ich empfinde die Kraft der Lyrik Tersteegens an vielen Stellen so intensiv wie die Goethes oder Eichendorffs: »Man muss wie Pilger wandeln, frei, bloß und wahrlich leer ...«. Da spricht einer über die Zeiten zu mir. »... viel sammeln, halten, handeln macht unsern Gang nur schwer ...« Da habe ich das Gefühl, als stehe er in diesem Moment neben mir. »Wer will, der trag' sich tot! Wir reisen abgeschieden, mit wenigem zufrieden; wir brauchen's nur zur Not.«

Tersteegen war ein begnadeter Dichter. Seine Lieder sind Gebrauchslyrik im besten Sinne. »Nun schläfet man, und wer nicht schlafen kann, der bete mit mir an den großen Namen, dem Tag und Nacht wird von der Himmelswacht Preis, Lob und Ehr gebracht, O Jesu, Amen!« Wer daran denkt und wem diese Worte in den Sinn kommen, nachts auf dem Lager, wenn einen die Sorgen nicht loslassen um die Welt, um die Familie, um das eigene Leben, wenn einen die

Schmerzen befallen, der erfährt eine unumstößliche Gewissheit des Glaubens; eine bezwingende Innigkeit und unsentimentalen Trost. »Weg, Fantasie! Mein Herr und Gott ist hie! Du schläfst, o Wächter, nie, Dir will ich wachen.«

Solche Worte rühren an, und sie berühren zutiefst. Da verliert die Unruhe ihr dunkles Gesicht. Da wird man ruhiger und spricht mit: »Herr, rede du allein beim tiefsten Stillesein zu mir im Dunkeln.« Daraus schöpft man Kraft für das Tagwerk und man gewinnt Hoffnung für das Morgen und Zuversicht für den neuen Tag.

Wer so spricht, der stiehlt sich nicht davon, der will nicht mit frommem Augenaufschlag ins Elysium, der sagt aber: Mein Bezugspunkt liegt außerhalb dieser Welt; der, dem ich mich verdanke, bei dem ist mein Leben gut aufgehoben; er holt mich einmal wieder zurück. Daran, dass dieses Gedicht auch ein programmatischer »Weckruf« an die Zeit und an die Amtskirche ist, muss man wenigstens kurz erinnern. Tersteegen schlief nicht den Schlaf der Gerechten, sondern er hat von dem »Ruck« gesprochen, von dem auch heute so viel gesprochen wird und der in den warmen Amtsstuben der Kirche wie des Staates – ja, darf ich es sagen? – damals so wenig zu spüren war wie heute. Ratlosigkeit kennzeichnet unser Treiben vielfach auch heute. Und es hat seit jeher auch immer eine Ratlosigkeit gegeben, die sich durch Aktionismus und Aktivismus äußerte.

Albrecht Goes berichtet, dass russische Soldaten 1812 am Niederrhein nach Tersteegens Grab fragten. Sein Gedicht »Ich bete an die Macht der Liebe« hat durch die Vertonung eines russischen Komponisten die Menschen zunächst weit östlich vom Entstehungsort ergriffen, bevor es von Friedrich Wilhelm III. zum »Abendgebet des preußischen Heeres« gemacht wurde. Seltsame Wege nehmen Lieder auf ihrem Weg über Grenzen und Zeiten hinweg.

Und dann: Das Hohe Lied der Anbetung! »Gott ist gegenwärtig. Lasset uns anbeten und in Ehrfurcht vor ihn treten. Gott ist in der Mitten ...«, heißt es da, und als Konsequenz: »Wir entsagen willig allen Eitelkeiten, aller Erdenlust und -freuden.« Singen tun wir das. Aber wie ist es bestellt um unsere Bereitschaft, allen Eitelkeiten zu entsagen? Erleidet Tersteegen das Schicksal aller Idealisten, denen man lachend bedeutet, erst komme das Fressen und dann die Moral? Das

Lied endet mit den Zeilen: »Wo ich geh, sitz und steh, lass mich dich erblicken und vor dir mich bücken.« Auch das ist nicht weltfremd. Richard Schröder hat einmal gesagt, ein Christ bücke sich in seinem Leben nur vor Gott und dann nie wieder vor einem Menschen, aber immer für einen Menschen. Darin bestehe die Freiheit eines Christenmenschen.

»Wer glaubt, der flieht nicht!«, heißt es bei Jesaja. Der Mystiker schließt die Augen, aber er verschließt sie nicht vor den Aufgaben der Zeit, vor den Zuständen der Welt. Er faltet die Hände, um sie danach für seine Mitmenschen zu öffnen. Das ist Gerhard Tersteegen. Und in diesem Sinne sind Tersteegens Lieder nur scheinbar unscheinbare Gegenstücke zur »Marseillaise der Reformation«, wie Heinrich Heine Luthers Lied »Ein feste Burg« einmal genannt hat. Wer Tersteegen liest, der holt sich die Kraft für die Aufgaben in dieser Welt. Ich wünsche mir, dass wir Gerhard Tersteegens Lieder lesen und singen, damit unser Blick die Welt heller und menschlicher macht.

Nikolaus Ludwig Graf von Zinzendorf

1700–1760

Dass ich Neues über Zinzendorf sagen könnte, das vermute ich nicht. Aber ich will doch erzählen, dass ich froh darüber bin, dass wir nicht nur bei diesem Festakt dabei sein können, sondern, dass meine Frau und ich seit gestern Nachmittag ein wenig haben spüren und schmecken können vom Herrnhuter Gemeindeleben. Wir hatten viel davon gehört und haben es nie selbst erlebt. Und deshalb war das für uns eine reich machende Erfahrung.

Zinzendorf, dessen 300. Geburtstag wir heute feiern, war ja eine faszinierende und in manchem verwirrende Persönlichkeit. Herder hat gesagt, er sei ein Eroberer. Goethe hat von der Brüdergemeine geträumt und gesagt, das sei die richtige Art Gott zu loben. Und der wohl größte Theologe zwischen Martin Luther und Karl Barth, Friedrich Schleiermacher, hat sich selbst einen »Herrnhuter höherer Ordnung« genannt.

Wenn wir heute Zinzendorf-Gedichte lesen, dann ist uns die Sprache oft fremd, die Bilder sind manchmal sogar abstoßend. Aber es gibt andere Texte von Zinzendorf, die aktuell sind und bei denen man denkt, sie seien für unsere Zeit geschrieben:

»Wir wolln uns gerne wagen,
in unsern Tagen
der Ruhe abzusagen,
die 's Tun vergisst.
Wir wolln nach Arbeit fragen,
wo welche ist, nicht an dem Amt verzagen,
uns fröhlich plagen und unsre Steine tragen
aufs Baugerüst.«

Das hat höchste Aktualität. Und dann denkt man als Älterer auch an das Lied »Jesu geh voran« aus dem Evangelischen Gesangbuch und überlegt: Wie oft kann dieses Lied für Menschen ein archimedischer Punkt in ihrem Leben gewesen sein, für Menschen, die niemand aus der Schwermut holt, die keine Perspektive mehr sehen.

Wir denken heute an Zinzendorf, an ihn und an Erdmuth Dorothea, an dies bewegende und bewegte, und manchmal auch unklare Leben. Wir denken daran, dass er keine Grenzen kannte, dass er sagte: »Mein Predigtstuhl ist die ganze Welt«, dass er nach Amerika reiste, als das noch mit Lebensgefahr schon bei der Überfahrt verbunden war. Wir denken an seine Verbannung von Herrnhut, an seine Jahre in London.

Wir fragen uns heute auch, was es für ein Leben bedeutet, wenn ein 22-jähriger Graf den Staatsdienst verlässt, weil Flüchtlinge ihm wichtiger sind als die eigene Karriere. Gäbe es das doch heute, dass uns die Flüchtlinge so wichtig wären, wie wir dazu im Alten Testament aufgefordert werden.

Wir denken daran, wie Zinzendorf von Männern und Frauen gleichberechtigt sprach, ganz gegen den Zeitgeist; wie er sich verneigt vor den Juden als dem alten Volk Gottes, dessen Bund nicht gekündigt ist; wie er dazu aufruft, Konfessionsgrenzen zu durchbrechen und niedrig zu halten. Und er meint nicht nur die christlichen Kirchen; er meint sie alle. Dann fragt man sich, ob es eine solche Mischung aus eigenem Profil und großer Toleranz wohl heute auch noch gibt, und ob es nicht gut wäre, ihr nachzueifern im Lied, im Gebet, im Leben, in der Art, wie wir einander begegnen. Dann wird aus einer Geburtstagsfeier nach 300 Jahren ein Dankesfest für zwei Originale. Gott schafft keine Kopien, sondern nur Originale. Zinzendorf und seine Frau Erdmuth Dorothea waren zwei. Sie haben die Welt reich gemacht, seit sie im Jahre 1700 geboren sind.

Wir haben heute Morgen das Bild gesehen, vor dem Zinzendorf in Düsseldorf gestanden hat, ausgerechnet in Düsseldorf. Wir denken an die Unterschrift: »Das tat ich für dich. Was tust du für mich?«. Dann merkt man, es gibt Kernsätze, die verändern ein Leben. Dies Leben haben sie verändert und damit das Leben vieler, die nach ihm gekommen sind und die jetzt in vielen Ländern leben – und von denen einige hierher gekommen sind heute. Und man ist dankbar, dass man dabei sein kann.

Zinzendorf, er und sie, und die Herrnhuter Brüder-Unität waren für uns in Westdeutschland lange ein Stück weit versteckt, verborgen. Aber jetzt ist das Wunder geschehen. Wir sind zusammen. Wir sollten zusammen bleiben und wir sollten einander die Gaben geben, die uns geschenkt worden sind.

Matthias Claudius

1740–1815

Noch steht sie da im Regal, aber ein Buchbinder muss sie bald retten vor dem Verfall: Die Erstausgabe des »Wandsbecker Bothen« von Matthias Claudius, den alle singen (»Der Mond ist aufgegangen«) und viele kennen und den doch die meisten für einen naiv-behäbigen, kleinbürgerlichen Hausdichter halten. Erfährt man aber von Klaus Goebel, dass Helmut Gollwitzer, als ihm der Konfirmandenunterricht in Dahlem verboten worden war, die ihm dennoch anvertrauten Jungen und Mädchen um Matthias Claudius versammelte, liest man ihn anders. Erfährt man, dass es 1935 mutig war, seine Texte in eine Deutsche Anthologie aufzunehmen, wird aus dem heimattümelnden Wandsbecker der Träger einer Stimme, die zu hören immer wieder Sinn macht. Hans Jürgen Schultz hat ihn Anfang der fünfziger Jahre mit dem großen und erfolgreichen Volksbuch »Es gibt was Besseres in der Welt« aus dem Literaturlexikon in den Alltag geholt, und mir ist er seither ein Wegbegleiter, der die Dunkelheit kennt und der nach Licht sucht, der sich selber zurücknimmt und so Gestalt gewinnt.

»Was sind wir anderes als Boten, die versiegelte Gaben zu unbekannten Menschen tragen?«, hat Wilhelm Raabe einmal gefragt. Matthias Claudius hat eine (viermal wöchentlich erscheinende) Tageszeitung herausgegeben, die über eine Auflage von 400 Stück selten hinauskam. »Heute Nacht hat die Nachtigall zum ersten Mal geschlagen«, lautet die Schlagzeile der ersten Ausgabe unter diesem neuen Chefredakteur, den die Liebe beschwingt, wenn er am Geburtstag seiner Rebekka ausruft: »Wo war ich doch vor dreißig Jahr, als deine Mutter dich gebar, wär ich doch da gewesen!« Johannes beschwört er im bekanntesten aller Briefe eines Vaters an seinen Sohn, dass er nicht vergessen solle, auch seine Mutter sei einmal ein Mädchen gewesen. Klingt das altmodisch? Hat das mit uns nichts zu tun, wenn Claudius im Streit zwischen Friedrich dem Großen und Maria Theresia ausruft:

»‘s ist Krieg, ‘s ist Krieg, o Engel Gottes wehre, und rede du darein!
‘s ist leider Krieg und ich begehre nicht schuld daran zu sein!«

So fröhlich Claudius’ Gottvertrauen sein kann, so dunkel kann der Gedanke an die Vergeblichkeit allen Lebens ihn treffen: »Empfangen und genähret vom Weibe wunderbar, kömmt er und sieht und höret und nimmt des Trugs nicht wahr ... dann legt er sich zu seinen Vätern nieder und er kömmet nimmer wieder.« Nie verstummt diese Melodie, aber die andere ist der »cantus firmus«: »... und wenn du uns genommen, lass uns in’n Himmel kommen, du unser Herr und unser Gott«.

Mit dem Zeitgeist hat er gestritten, das Modische war ihm nie das Moderne. Sein »Bothe« war Plattform für viele, und Claudius schrieb unter Pseudonymen für Herder und Perthes. Seine Theaterkritiken wirken fremd angesichts heutiger Inszenierungen – die Stücke sind geblieben, auch wenn wir sie nicht wieder entdecken, »Emilia Galotti« und »Götz«.

Erfolgsautor ist Claudius nicht geworden, Rekordauflagen werden nicht gemeldet. Fragt man aber nach Reiseproviant auf unwegsamen Wegstrecken, dann bietet er mehr als Hausmannskost. Dann wird vieles zeitlos, was dieser kluge und oft witzige, den Schrullen zugewandte Reinfelder aus Wandsbeck (und Darmstadt) in der Sprache seiner Zeit lebendig gemacht und den Nachgeborenen mitgegeben hat. Für mich sind seine Gesammelten Werke, in schönen Ausgaben verfügbar, ein Besitz, der nicht veraltet. »Etwas Festes muss der Mensch haben, an das er sich halte und das ihn halte ...«

Johann Gottfried Herder

1744–1803

Liest man in diesen Tagen die Zeitungen, dann ist Johann Gottfried Herder gegenwärtig: Viele berichten von dem unbekannten Bekannten, dessen Geburtstag sich gestern jährte und an den auch wir heute erinnern. Hier sind viele, die haben gewissermaßen mit Herder gelebt, hier in Weimar, in seiner Stadt, in der der Ostpreuße aus Bückeburg so viele Jahre gelebt und gelehrt, gepredigt und unterrichtet, verwaltet und korrespondiert hat. Dass er der Unbekanntere war und ist, etwa gegenüber dem Mann, der ihn nach Weimar holte und an dessen Geburtstag wir am 28. August denken, gegenüber Goethe also, das ist überall wahrzunehmen und nachzulesen. Auf unterschiedliche Weise, aber ganz gewiss für beide gilt, was ein Zeitgenosse gesagt hat:

Wer wird nicht einen Klopstock loben?
Doch wird ihn jeder lesen? Nein.
Wir wollen weniger erhoben
Und fleißiger gelesen sein.

Mir ist das Abenteuer geschehen, dass ich, um diese Rede gebeten und diese Bitte annehmend, mit einem Köfferchen voll Herder-Literatur an der Nordsee gesessen und geblättert und gelesen, vielleicht auch ein wenig studiert habe, was diesen Unbekannten bekannt machen, ihn jedenfalls mir selber näher bringen könnte. Davon will ich erzählen und reden.

Dass viele hier in die Kirche gekommen sind, die ihn länger kennen, die mehr von ihm gehört und gelesen, die von seinem Atem etwas gespürt und von seinem Bild etwas erblickt haben, das ist sicher wahr. Aber trifft nicht auch die Erfahrung zu, die Jesus uns im Matthäus-Evangelium übermittelt, dass der Prophet nirgends weniger als in seinem Vaterlande und in seinem Hause gilt?

Sein Vaterland – das ist dies kleine Fürstentum gewesen; sein Haus, das war diese Stadt Weimar, die ihre große Geschichte gehabt und bewahrt hat und die viele von uns jetzt neu entdecken. Weimar, das ist das Synonym der deutschen Klassik, aber auch das Synonym für den ersten großen deutschen Versuch, Demokratie zu leben und zu gestalten. Dass die deutsche Nationalversammlung im Jahre 1919 in Weimar tagte, lag ja nicht nur an den unruhigen Zuständen in Berlin. Die Wahl Weimars war ein Stück Programm: Die erste deutsche Republik, sie sollte ganz bewusst an die besten Traditionen der deutschen Geschichte anknüpfen, an all das, was sich für das aufgeklärte Bürgertum mit dem Namen Weimar verband, an eine Größe, die ohne Macht und ohne den Glanz der schimmernden Wehr auskam – Dinge, die man in der Niederlage des Ersten Weltkriegs eingebüßt hatte und von denen man jetzt wusste, dass sie nicht allein zählen durften.

Wieviel »Weimar« damals, als »man« seine Klassiker noch kannte und ihre Texte atmete, wieviel Weimar damals zum Schwingen brachte, lässt sich heute kaum erahnen. Das waren ja nicht nur Goethe und Schiller, denen immer neue Lorbeerkränze geflochten wurden und deren Werk als Inbegriff des nationalen Genius galt; das waren auch Wieland und Lenz, die Brüder Schlegel, Fichte und Jean Paul – all jene genialen Männer, die man so gerne mit Deutschland als dem Land der Dichter und Denker assoziierte.

Vielen von uns ist das Denken in nationalen Kategorien genauso fremd geworden wie ein allzu verschwenderischer Gebrauch des Lorbeers. Heute ist Weimar (und das benachbarte Jena) nicht mehr Synonym für nationale Größe, für Bedeutung oder Vorrang im Reich des Geistes oder gar im Wettstreit der Nationen, aber es steht immer noch für eine einzigartige Blütezeit der literarischen Künste und der Geisteswissenschaften mitten in einem kleinen Land, einem gemütlich erscheinenden kleinen Fürstentum.

Weimar – das ist also nicht nur ein gehätschelter nationaler Mythos, den auch die Herrscher von rechts oder links immer wieder ohne alle Skrupel für ihre eigenen Zwecke zu gebrauchen wussten; nein, Weimar – das ist einfach eine einzigartige Erscheinung in unserer Geschichte: eine Literaten- und Gelehrten-Republik, in der nicht auf Waffen gegründete Macht, erst recht nicht schnöder »kapitalistischer Mammon«, sondern Geist, Fantasie und eine schier explodierende Schöpferkraft sich entfalteten – und das in einer Fülle, die durch die kargen und beengten Verhältnisse des kleinen Herzogtums noch unterstrichen wurde.

Zeichnet man Klaus Weimars Literaturgeschichte im Blick auf Johann Gottfried Herder ein wenig nach, macht man sich seine Gedanken über den Begriff des Lebens bei Herder zu eigen, dann wird einem schnell deutlich, was unsere Wirklichkeit jeden Tag erweist: Das Bildungsbürgertum des 19. Jahrhunderts erscheint uns heute eher als eine fernere Reminiszenz denn als eine reale Größe, unsere Zeit begegnet den Klassikern oft nur noch mit Distanz und Ironie. Ja, für manche sind diese Klassiker der Inbegriff des Langweiligen geworden, und so hat auch der Name Weimar nicht mehr den Glanz und nicht mehr die Faszination, die bis in unser Jahrhundert reichte. Vieles ist blasser geworden – wir vielleicht auch?

Ich habe es erfahren, und ich möchte es bekräftigen: Wenn man sich wieder neu mit dieser Epoche beschäftigt, dann ist auch schnell wieder jene Faszination da, die diese Stadt noch heute so einzigartig macht und die ihr – fern allen Metropolen – Weltruhm beschert hat. Wo sonst noch – außer vielleicht im Athen des Perikles – hat es je so dicht gedrängt auf kleiner Fläche und eingezwängt in spätfeudale Verhältnisse (dass die manchmal auch geisttötend und banal waren, wollen wir nicht verschweigen) und so fern von den wirklichen politischen und wirtschaftlichen Zentren so viele talentierte, hochbegabte, ja geniale Männer gegeben? Über die Frauen lohnte sich wahrlich eine besondere Rede! Sie haben sich gegenseitig angeregt und angespornt, sich verstanden und die Freundschaften miteinander gepflegt, die vielen von uns wegen ihrer Intensität, wegen ihres nahezu erotischen Innigkeitsverhältnisses fremd zu bleiben scheinen. Das waren Männer und Frauen, die dem geistigen und dem kulturellen Gesicht einer ganzen Epoche den Stempel aufgedrückt haben und die für eine ganze Nation zum Bild erhoffter eigener Identität, Schöpferkraft und Größe geworden sind.

Diese unglaubliche Konzentration an Begabungen und Talenten, an Genie und Meisterschaft hat Weimar so einzigartig gemacht und es etwa vom Königsberg Kants oder von Lessings Wolfenbüttel unterschieden. Unter denen, die sich (meist von Goethe) nach Thüringen und nach Weimar ziehen ließen, die hier Jahrzehnte gewirkt und die auf sehr eigene Art ihre Zeit und die späteren Zeiten geprägt haben, war auch der Mann, an dessen 250. Geburtstag wir heute denken: Johann Gottfried Herder.

Er, der nach mancherlei Stationen Hofprediger in Bückeburg gewesen war, wurde nun, erst 32 Jahre alt, der führende Kirchenmann und Theologe im Herzogtum. Was könnte man alles über die Lebensstufen und über Jugend und Alter allein an diese Überlegung anschließen! –, »(...) nicht Prediger so schlechtweg (...), sondern Oberhofprediger, Oberkonsistorial- und Kirchenrat, Generalsuperintendent, Pastor Primarius und zehn Dinge mehr (...)«, so hat er selber stolz – und im Bewusstsein eigener Bedeutung – geschrieben.

Weimar – das ist für Herder vom ersten Tag an kein poetischer Rosengarten, sondern ein Ort harter Arbeit: Zu tun hatte er Dinge ohne Zahl und ohne Ende, er musste predigen und administrieren, an endlosen Konsistorialsitzungen teilnehmen, die ihn »nervten« und die ihm sein Amt – oder genauer gesagt: seine Ämter – zum »Sisyphus-Handwerk« werden ließen. Die Probleme, die zu lösen waren, waren ungezählt: Die kirchlichen Verhältnisse galten zu Recht als ebenso verlottert wie die schulischen, die unter kirchlicher Aufsicht standen und darum zu Herders Verantwortungsbereich gehörten. Viel wäre neu und besser zu ordnen, viel zu reformieren gewesen – unsere Vorstellungen von einem geordneten Staatswesen müssten damals utopisch geklungen haben.

Herder hat sich nach Kräften bemüht, Dinge zum Besseren zu wenden und voranzubringen: Manche Reform gelang, mehr blieb liegen, musste immer wieder aufgeschoben werden und scheiterte schließlich an den kleinen und manchmal auch kleinlichen spätfeudalen Verhältnissen. Der Herzog finanzierte zwar Goethes Italienreise, aber für die dringend nötige Reform von Schulen und Lehrerausbildung stellte er bei weitem nicht die hinreichenden Mittel zur Verfügung.

So sehr der ehrgeizige – und durchaus leicht gekränkte – Herder leidvoll auf den von Carl August so protegierten Goethe blickte und so sehr er mit dem eigenen Schicksal haderte – es ist durchaus nicht nur Eitelkeit gewesen, mit der er sich selber das Leben schwer machte, sondern es waren auch die unübersehbaren Missstände und Ungerechtigkeiten eines eben doch absolutistischen Systems, das den Aufgaben der Zeit längst nicht mehr gerecht werden konnte.

Herder bedrückten die konkreten Erfahrungen mit den engen und oft genug engstirnigen kleinstaatlichen Verhältnissen, sie machten ihm das Leben und die Arbeit so sauer und sie förderten seine Sympathie für aufgeklärte politische Ideen, zu denen er sich, freilich im engen Rahmen der Zensur, auch öffentlich bekannte.

Dass er sich freimütig zur Französischen Revolution äußerte und dass er an ihren Prinzipien festhielt, das förderte die Entfremdung vom Hof. Es zeigt uns aber auch etwas von Herders Persönlichkeit und Charakter, und es gibt einen Hinweis darauf, dass sich ein evangelischer Theologe selbst in der Staatskirche seiner Zeit Freiräume erkämpfen konnte.

Wenn man die Fülle und die Schwierigkeit seiner vielfältigen Aufgaben bedenkt, wenn man sich der geringen Mittel erinnert, die ihm zur Verfügung standen, und wenn man sich schließlich noch seine familiäre, von reichem Kindersegen geprägte Situation bewusst macht, dann kann man sich wohl fragen, wie dieser Mann »nebenbei« so viel schreiben und so fruchtbar publizieren konnte.

Wir lesen in einem kleinen Bericht seiner Frau: »Er war Prediger, Beichtvater, hatte die Konfirmation sämtlicher Kinder, die Taufen, Trauungen und Leichen der ersten Klasse, die Einführungen der Geistlichen und endlich die Revision einer beträchtlichen Anzahl von Kirchenrechnungen der Kirchen seiner Diözese. Diese letzteren waren ihm das peinlichste Geschäft. Wöchentlich, bisweilen beinahe täglich, musste er die Beschwerden der Geistlichen und Schullehrer schriftlich oder mündlich vernehmen (...) er musste dabei auch über die Ökonomie des Landes sich Kenntnisse erwerben, um die mannigfaltigen Klagen beurteilen zu können.«

Herder hatte also nicht nur ungewöhnliche intellektuelle Kräfte, und er ist offenkundig nicht nur ein begnadeter Schreiber gewesen, den manche einen Vielschreiber nannten – die 33 Bände der großen Ausgabe von Bernhard Suphan sind dafür ein eindeutiges Indiz –, er hat auch zu einer Fülle von Fragen und Problemen öffentlich Stellung genommen – oft genial, immer anregend und kreativ. Eine solche Universalität der Interessen und Kenntnisse – das war bei allem Glanz der Weimarer Klassik eine Gestalt und eine Figur, wie sie auch damals nur selten zu finden war.

Ob es um literarische Fragen, um philosophische oder theologische Probleme und Kontroversen ging – ähnlich wie im Falle von Lessing durch die Wolfenbütteler Fragmente eines Ungenannten und die Auseinandersetzung mit dem Pastor Goeze –, es gibt kaum ein Feld, auf dem wir nicht intelligente, neue und originelle Einsichten erfahren, die wir Herder verdanken.

Er arbeitet »Über den Ursprung der Sprache« und wird dafür von der Berliner Akademie preisgekrönt; er geht der Ähnlichkeit der englischen und deutschen Dichtkunst nach; oder er beschäftigt sich mit dem Geist der »Hebräischen Poesie«. Nicht nur den Begriff Volkslied verdanken wir Herder; er sammelt sie wie kein anderer vor und nach ihm; er lässt sich zu eigenen Dichtungen inspirieren; er macht Matthias Claudius' »Der Mond ist aufgegangen« bekannt; die wenigsten wissen, dass wir ihm das »Ännchen von Tharau« verdanken.

Vermuten wir Herder noch beim Sammeln ungehobener Schätze, die nur mündlich überliefert sind, dann finden wir ihn plötzlich bei einer Metakritik gegenüber dem neuen transzendentalphilosophischen Ansatz Kants, dann entdecken wir die weitgespannten und faszinierenden Ideen zur Philosophie der Geschichte der Menschheit, in denen er Naturgeschichte und Geschichte, Natur- und Geisteswissenschaften zusammenbringt und sie endlich in einen fruchtbaren Dialog führt; in einen Dialog, der uns heute (und das schon seit langem) viel zu selten gelingt.

Bei aller Fülle der Interessen – ihm selber ist das Thema der christlichen Religion am wichtigsten gewesen. Das zeigt uns die Vielzahl seiner theologischen Schriften, mit denen er sich im Spannungsfeld zwischen spät-orthodoxen, neologischen und pietistischen Positionen frei bewegt und mit denen er durchaus neue und originelle Ansätze entwickelt. So stark sein Sinn für das Geschichtliche ausgeprägt ist: seine exegetischen Arbeiten sind erstaunlich schnell überholt, zum Glück überholt von den systematisch theologischen Einsichten, die er vermittelt. Er will den theologischen Diskurs aus mancherlei in seinen Augen unfruchtbaren und irreführenden Gegensätzen herausführen, aus Gegensätzen, die zum Teil noch heute zur Debatte stehen und viel zu selten fruchtbar vermittelt worden sind – und werden.

Herder versucht den Gegensatz von historischem und offenbarungstheologischem Verständnis der Bibel zu überwinden: Für ihn ist der biblische Schöpfungsbericht nicht nur in dem einen oder in dem anderen Sinne zu verstehen – er ist immer beides: poetische Gestaltung einer bestimmten geschichtlichen Lebens- und Welterfahrung eines bemerkenswerten Volkes wie verbindliches Offenbarungsgeschehen durch Gott.

Vernunft, Natur und Religion – Herder sieht sie nicht als Gegensätze, die sich aufheben oder ausschließen, sondern als stimmige, zusammenstimmende Prinzipien, die aufeinander verweisen. So gibt es für ihn keine Spannung zwischen der Religion und der wahren Menschlichkeit, der Humanität, die er unübersehbar und unüberhörbar auf seine Fahnen schreibt und die nach seiner Auffassung das Ziel und die Aufgabe jedes Menschen und der Menschheit insgesamt darstellt. Indem Herder die unlösliche Beziehung von Gott und Mensch, Religion und Humanität unterstreicht, gelingt es ihm, einen eigenen und – wie ich finde – immer noch fruchtbaren und interessanten Ansatz zum Wesen eines wahren Humanismus aus dem Geist der Religion anzubieten.

Vielen seiner aufgeklärten Zeitgenossen war das Religiöse längst fremd geworden. Nicht nur Goethe, der in seinem klassischen Schönheitsideal zunehmend einen Religionsersatz oder gar eine Ersatzreligion fand, pflegte einen großen Bogen um Herders Stadtkirche zu machen und sie nur noch bei besonderen Anlässen aufzusuchen. Von den Gebildeten unter den Verächtern des christlichen Glaubens, denen Schleiermacher 1799 seine berühmten Reden über die Religion gewidmet hat, gab es damals in Weimar schon viele.

Herder war nicht orthodox, noch viel weniger Pietist, aber er hat immer wieder deutlich widersprochen und dem Zeitgeist vernehmlich Paroli geboten, wenn die Mitte des Lebens übersehen oder ausgeblendet wurde. Er war Theologe, und er blieb es, allen zeitgeistigen Vorlieben und Verdikten zum Trotz. Damit ist er nicht nur seinem Beruf und seiner Berufung treu geblieben, sondern er wurde in dieser Geistes-, Künstler- und Gelehrten-Republik der Sachwalter der religiösen Wissenschaft, die für ihn nicht jenseits der Vernunft war, auch wenn der Glaube und das Vertrauen in Gott höher ist als alle Vernunft. Für mich besteht kein Zweifel daran: Der Weimarische Geistes-Kosmos ohne Herder – es wäre kein Kosmos gewesen, wenn diese wichtige Stimme gefehlt hätte.

Zu den merkwürdigen, ja fast ein wenig tragischen Dingen in Herders Leben gehört gewiss aus unserer Sicht, dass er gerade als Theologe am gründlichsten vergessen worden ist. Von den Tausenden von Seiten seiner theologischen Bücher und Abhandlungen sind fast nur noch die »Briefe, das Studium der Theologie betreffend« bekannt. Aber auch die haben zu keiner Zeit die praktische Theologie nachhaltig geprägt.

Herder hat viele Elemente der Theologie Schleiermachers vorweggenommen, indem er »die Vormacht der Logik und der Ethik (...), der Verstandeskategorien sowohl wie die des kategorischen Imperativs, durch die Entdeckung des Gefühls und der Erfahrung, die Entdeckung der Möglichkeit einer Erkenntnis und eines Redens aus dem unmittelbaren Erlebnis« überwinden wollte.

In den letzten Jahren und Jahrzehnten, bis in die Kommentierungen dieser Tage hinein, wird wieder manches von dem hell, was Herder als Theologe bedeutet. Es tritt heraus aus einer über anderthalb Jahrhunderte währenden Dunkelheit, an der die eine oder andere Publikation nichts hat aufhellen können. Dass das so ist und dass das so sein kann, ist heute Anlass zum Dank. Ich meine, wir könnten die Adresse des Dankens nennen: Dass Herbert von Hintzenstern, Mitbürger in Weimar, jahrzehntelang und beharrlich auf Herder als Theologen hingewiesen und diesen Schatz gehoben hat, das ist heute Anlass zu Ruhm und Dank. Ich wüsste trotz Kantzenbachs wichtiger Arbeit niemanden, der bedeutendere Verdienste darum hätte, dass der Theologe und Pfarrer Herder unvergessen bleiben, nein, dass er wieder in die Erinnerung zurückgebracht werden kann.

Wenn wir an Herder erinnern, begegnen wir neu einem kreativen und bedeutenden Geist und einem Werk, in dem wahrlich noch viel zu entdecken ist. Es gilt, einen Mann zu würdigen, der Großes geleistet hat und dem unsere Geistesgeschichte viele Anregungen und fruchtbare Erkenntnisse verdankt. Wie sollten wir ihn vergessen, bloß weil andere ihn in ihren Spezialdisziplinen überragt haben mögen?

Für mich sind es gerade die vielen so unterschiedlichen Seiten seines Werkes und seiner Person – auch mit ihren Defiziten und ihren Ambivalenzen –, die ihn uns heute näher bringen könnten. Die Zeiten geschönter Heroenbilder sind hoffentlich endgültig vorbei – genauso übrigens wie die einseitige Vorliebe für alles »Systematische«. Die sogenannte Postmoderne hat uns herangeführt an die bunte Fülle mit ihren zerstreuten und dennoch »wahrheitsfähigen« Einsichten.

Jean Paul hat in seiner Vorschule der Ästhetik von 1804 gesagt, Herder sei »kein Stern erster oder sonstiger Größe, sondern ein Faszikel von Sternen, aus welchen sich dann jeder ein beliebiges Sternbild buchstabiert«. Ob das nicht auch eine Hilfe ist, die Herder vor einseitiger Interpretation und vor ideologischer Vereinnahmung bewahrt?

Das sollte vor allem gelten für seine Ansichten zu Nation und »Volkstum«. Wer sich bei einer nationalistischen Herder-Interpretation auf ihn bezieht, der hat den Theologen und Humanisten Herder ebenso ausgeblendet wie seine »Hochschätzung aller Völker«, die »Anerkennung der slawischen Völker im Besonderen« und seine aufgeklärten politischen Ideen auf dem Boden der Französischen Revolution.

In den letzten fünf Jahrzehnten haben all diese Verzerrungen und Verzeichnungen die Beschäftigung mit Herder erschwert. Dass die alte DDR-Kulturpolitik Herder lautstark und tendenziös beanspruchte – das darf kein Stolperstein sein auf dem Weg einer neuen unvoreingenommenen Auseinandersetzung. Wenn ich jetzt riefe »Gerechtigkeit für Herder«, dann klänge das reichlich pathetisch, ganz falsch wäre es als Motto aber nicht. Vieles wäre neu zu entdecken, in seinen Schriften zu Politik und Geschichte, zu Sprache und Anthropologie, zu Philosophie und Theologie.

Gewiss könnten manche seiner Einsichten und Ideen den Dialog zwischen Geistes- und Naturwissenschaften auf der einen und der Theologie auf der anderen Seite fördern und dem Gespräch zwischen Religion und säkularer Weltlichkeit neue Impulse geben. Das wäre wahrlich nicht bloß für die Kirchen wichtig, die in Zeiten scheinbar selbstverständlicher und oft auch selbstgefälliger Säkularität von manchen nur noch als Marginalie wahrgenommen werden. Es wäre für uns alle, für unsere ganze Gesellschaft wichtig.

Gerade deshalb gilt es immer wieder, an das zu erinnern, das anzumahnen und das energisch und weitsichtig zu fördern, was für Johann Gottfried Herder im Zentrum seines Denkens stand: die Humanität als Aufgabe und als Ziel unseres Menschseins, des Einzelnen und aller.

Friedrich von Bodelschwingh

1831–1910

Wenn man als Junge die Bodelschwingh-Biographie von Gustav von Bodelschwingh ein paar Mal gelesen hat und dann viele Jahre später wieder in ihr liest und die Schriften von Bodelschwingh nachprüft mit Blick auf die Frage, welche Sozialpolitik Bodelschwingh in unserer Zeit denn betrieben hätte, dann ist das keine leichte Aufgabe; denn man muss sich zurückversetzen in eine Zeit mit anderer Sprache, in eine Zeit, in der zum Teil andere Antworten auf andere Fragen gegeben wurden.

Im November 1981 jährt sich zum hundertsten Mal ein Brief, den der Großvater Wilhelms des Zweiten an Wilhelm I. geschrieben hat. Da gibt es eine Botschaft zur sozialen Frage von Kaiser Wilhelm I. Sie beginnt mit dem Satz: »Schon im Februar dieses Jahres haben wir unsere Überzeugung aussprechen lassen, dass die Heilung der sozialen Schäden nicht ausschließlich im Wege der Repression sozialdemokratischer Ausschreitungen, sondern gleichmäßig auf dem der positiven Förderung des Wohles der Arbeiter zu suchen sein werde.« Der Kaiser kündigt in diesem Brief eine Unfallversicherung an, eine gleichmäßige Organisation des gewerblichen Krankenkassenwesens und eine Altersversorgungskasse – alles Dinge, die es damals nicht gab.

Der preußisch-deutsche Staat jener Jahre hatte sich unter dem Eindruck der sozialen und politischen Entwicklungen seit der Reichsgründung zehn Jahre zuvor, 1871, dazu durchgerungen, in die wirtschaftlichen und in die sozialen Prozesse regulierend einzugreifen. Es war deutlich geworden, dass man es auf die Dauer nicht verantworten konnte, die soziale Entwicklung der marktwirtschaftlichen Ordnung zu überlassen. Der Staat selber übernahm in der Situation des Bedrohtseins durch die sogenannten revolutionären Kräfte seine Verantwortung für die Lösung der sozialen Fragen.

Dabei haben sich vor allem sozial-konservative Gruppen von Protestanten hervorgetan. Sie haben mitgeholfen, die Praxis des Staates theoretisch zu begründen und politisch zu fördern. Man muss erinnern an den Vater der Inneren Mission, an Johann Hinrich Wichern, der im Jahre 1849 seine inzwischen berühmt gewordene Denkschrift verfasste. Darin forderte er die organisierte Massenhilfe des Staates gegen das Massenelend der kapitalistischen Industriegesellschaft.

Ich erinnere auch an einen Mann, der zu Unrecht vergessen ist, an Victor Emil Huber. Er war der eigentliche erste Sozialpolitiker evangelischer Struktur. Er hatte klare Vorstellungen vom Verhältnis von Kapital und Arbeit, von der Mitbestimmung, vom Miteigentum der Arbeitnehmer. Dieser Victor Huber war zugleich der erste große Anreger des Genossenschaftswesens als einer Form der Selbsthilfe.

Ich will noch einen Namen nennen, den des Landespfarrers Rudolf Todt. Er hat den Gedanken einer konsequenten Sozialpolitik aus christlich-sozialer Verantwortung am weitesten entwickelt. Er gab eine Wochenschrift heraus unter dem Namen »Der Staatssozialist«. In den Jahren von 1877 bis 1882 hat er in dieser Zeitschrift wichtige Voraussetzungen geschaffen für das, was es später an staatlicher Sozialpolitik gab.

Und schließlich muss man an jemanden erinnern, mit dem Vater Bodelschwingh viele gemeinsame Schritte gegangen ist: Adolf Stoecker, der 1878 die Christlich-Soziale Arbeiterpartei gründete, und der damit als erster engagierter konservativer Christ den Weg in die parteipolitische Arbeit wagte.

Wie immer man nun all diese Männer heute – über hundert Jahre später – bewerten mag; sie gehören zu den Vätern unseres modernen Sozialstaates. Sie haben unter den Bedingungen ihrer Zeit und manchmal gegen den Geist ihrer Zeit versucht, die soziale Frage durch konsequente Reformarbeit zu lösen. Sie wollten verhindern, dass es durch die wirtschaftlichen, die gesellschaftlichen Verhältnisse zu einer Situation kam, wie sie in Frankreich eingetreten war und dort zur Revolution von 1789 geführt hatte.

Dabei hatten diese Väter zwei Gedanken: Einmal wollten sie soziales Engagement aus christlicher Verantwortung heraus fördern. Zum anderen hatten sie jenseits dieser Hoffnung, die sich in sozialem Tun äußert, tiefe Angst vor einer roten Revolution unter Proletariern. Kein Zweifel: Sie sahen den Grund dieser Angst in der sozialdemokratischen Partei jener Jahre. Hier waren also praktische Nächstenliebe und politische Revolutionsfurcht die beiden Pferde, die den Wagen zogen.

Zu diesen konservativen Sozialpolitikern gesellt sich nun Friedrich von Bodelschwingh. Wie weit wir ihn aber im Vergleich mit anderen Zeitgenossen als einen Sozialpolitiker im engeren Sinne des Wortes bezeichnen können, ist lange umstritten gewesen. Es lässt sich aber zeigen, dass Bodelschwingh mit der ihm eigenen Sonderstellung im damaligen Spektrum der politischen und sozialen Strömungen einer der Väter unseres modernen sozialen Rechtsstaates geworden ist. Deshalb will ich versuchen, das Bild des Sozialpolitikers Friedrich von Bodelschwingh zu zeichnen.

Wir haben in diesen Tagen viel von ihm gehört, von dem Sohn eines preußischen Ministers des Inneren und der Finanzen. Dieser Mann, Friedrich von Bodelschwingh, beginnt 1890 seinen Vortrag auf der ersten Pfingsttagung des Evangelisch-Sozialen Kongresses über das Thema »Die Wohnungsnot der arbeitenden Klasse und ihre Abhilfe« mit folgenden Sätzen: »Schon als Quartaner vor nun bald fünfzig Jahren hatte ich in Berlin Gelegenheit, die soziale Frage zu studieren und mir meine kindlichen Gedanken über die Lösung derselben zu machen. Hier bekam ich tiefe Eindrücke von Hunger, Blöße und Elend der Armen, ganz besonders auch von dem unbillig großen Abstand zwischen Arm und Reich.« Das erzählt Vater Bodelschwingh, und er fährt fort: »Nun, in diesen vergangenen fünfzig Jahren ist ja Berlin eine sehr glänzende, stolze Stadt geworden, viermal so groß wie damals. Allein das sittliche und soziale Elend hat nicht abgenommen. Und die Kluft zwischen arm und reich hat sich nicht vermindert, sondern verbreitert und vertieft.«

Schließlich öffnet Friedrich von Bodelschwingh in dieser Rede entscheidende Einblicke in sein Denken, wenn er feststellt: »Die Frage ist für mich, ob wir als evangelische Christen unsere Schuldigkeit getan haben oder tun, solange es noch Tag ist, und ehe die Nacht kommt, da niemand wirken kann. Für mich ist nicht die Frage, was wir Besitzenden vielleicht einmal in naher Zukunft leiden werden, wenn wir nicht alle Kräfte anspannen, der drohenden Gefahr entgegenzutreten, sondern vielmehr, worin leiden unsere Mitbrüder schon jetzt? Und was haben sie längst gelitten, da wir ihnen doch hätten helfen können. Es geht dabei nicht darum, ob wir auch Dank ernten werden von denen, welchen wir die Hand reichen wollen. Auf Menschendank muss man von vornherein verzichten; die Frage ist vielmehr, was ist hier Recht und Pflicht vor Gott?«

Wer sich diesen Text noch einmal vergegenwärtigt: von der größer werdenden Kluft zwischen Arm und Reich, von der Frage, ob es nicht vielleicht schon viel zu spät wäre, noch anzusetzen und zu helfen, der sollte ihn von einer Sprache aus dem Jahre 1890 in das Jahr 1981 übersetzen. Er findet vieles von dem ausgesprochen, was junge Menschen – und nicht nur junge Menschen – heute empfinden und fragen.

Bodelschwingh ist von Jugend an – so merken wir – ein scharfer Beobachter seiner Umwelt. Die Nöte, die er wahrnimmt, lösen bei ihm bestimmte Überlegungen und in der Folge bestimmte Handlungen aus. Seine Ansatzpunkte sind in erster Linie praktischer und nicht theoretischer Natur; aber nicht nur die Einzelbeobachtung, auch eine politisch-soziale Gesamteinschätzung der Lage ist mit im Spiel. Sie ist eher pessimistisch. Bodelschwingh hat seine Zeitgenossen – vor allem die sogenannten führenden Stände, einschließlich der Mitglieder des preußischen Herrscherhauses – immer wieder gewarnt. Er hielt die drohende Revolution für nicht mehr aufhaltbar. Zeit seines Lebens hat er unter dem sozialen Versagen der meisten seiner Zeitgenossen und seiner Standesgenossen aus dem Adel, aus der Verwaltung und aus der Geistlichkeit gelitten. Dieser Sohn des westfälischen Adels hat sich über die durchschnittliche moralische und politische Qualität der herrschenden Schichten nie Illusionen gemacht. Ihn schmerzte der Wandel der konservativen Parteien von einer christlichen Gesinnungsgemeinschaft in eine feudalistische Klassenvertretung.

In dieser Situation der Hoffnungslosigkeit fragt Bodelschwingh aber nun um so radikaler nach der Aufgabe der Kirche, nach dem Auftrag der Christenheit. Fernab von allen klugen Analysen und Befürchtungen müssen sich die Christen die Frage stellen, was denn in dieser dramatischen Entscheidungssituation »Recht und Pflicht vor Gott« ist, wie es in der Rede auf dem Kongress heißt. Die Kirche ist befragt, was sie denn von sich aus für die Not leidenden Menschen und für eine sich auflösende Gesellschaft tun will. Angesichts der Zeitnöte steht die Frage nach dem Selbstverständnis der Kirche zur Debatte und nicht irgendeine

Theorie der möglichen Entwicklung einer Industriegesellschaft, die an ihren inneren Widersprüchen und Konflikten zu zerspringen droht. Die soziale Notzeit stellt die Frage nach dem Diakonat der Kirche.

Bodelschwingh fragt nach der Christenpflicht angesichts der Notlage der Nichtbesitzenden, der Abhängigen, der hart Arbeitenden und der Arbeitslosen. Er fragt, ob es für diese Menschen noch eine Hoffnung für ihr Leben gibt oder ob sie in Not und Elend, in leibliche und geistliche Not, in soziales Elend und sittliches Elend versinken müssen.

Menschen aus dieser doppelten Not zu retten, das war von Anfang an die Motivation und das Ziel des Handelns von Vater Bodelschwingh. Seine Erfahrungen auf den pommerschen Gütern, seine Beobachtungen unter den Gassenkehrern in Paris bewahrten ihn vor der Gefahr, in die falsche Alternative zu verfallen, der auch viele von uns immer wieder unterliegen, nämlich das Heil des Glaubens und das irdische Wohl des Menschen so zu scheiden, dass das eine mit dem anderen nichts mehr zu tun hat. Gesundung der Menschen und ihrer Verhältnisse, Bekehrung der Herzen und Änderung der sozialen Lage. Das eine stand für ihn mit dem anderen in einem unaufhebbaren Zusammenhang. Mit dieser Position stand Vater Bodelschwingh aber quer zu den üblichen Fronten, die es damals in der Kirche und in der Gesellschaft gab.

Es gab kirchliche Gruppen, die jedes soziale Engagement über Einzelfallhilfe hinaus in Richtung auf soziale und gesellschaftliche Reformarbeit als Überschreiten der Kirche in fremdes Gebiet betrachtete, als verbotene Grenzverletzung, und die allein dem Staat die Aufgabe der organisierten Sozialhilfe zuwiesen. Und es gab jene anderen Gruppen, die ihr christliches Engagement im sozialen Handeln aufgehen ließen. Die einen drohten zu vergessen: Wie der Mensch nicht ohne Verhältnisse existiert, so kann der Glaube nicht ohne Liebe sein. Handeln aus Glauben und Liebe verändert beides, den Menschen und seine soziale Situation. Die anderen wiederum drohten zu vergessen: Das Verändern der sozialen Lage allein führt noch nicht zum vollen Menschsein des Menschen.

In diesem ganzheitlichen Denken Friedrich von Bodelschwinghs begegnen sich Mission im Sinne der persönlichen Annahme des Evangeliums und soziale Verantwortung im Sinne eines ganz realen Kampfes gegen Not und Elend in einer Weise, wie es sie selten unter uns gegeben hat. Wir könnten bei Bodelschwingh lernen, unsere falschen Alternativen von heute zu überprüfen.

Die Christengemeinde könnte bei ihm lernen, dass Verkündigung und Diakonie in einer lebendigen Kirche nicht voneinander zu trennen sind. Und wir in der staatlichen Verantwortung, in der Bürgergemeinde, könnten uns von ihm sagen lassen, dass materielle Zuwendung und soziale Veränderungen allein nicht ausreichen, um Menschen tief gehend zu helfen. Bodelschwingh wusste jedenfalls um den Zusammenhang von Brot und Bibel, von Nahrung des Leibes und der Seele aus der Hand des einen Gottes, der Mensch geworden ist. Die freiwillige Liebestätigkeit der Kirche war für ihn der eine und die sozialpolitische Gesetzesarbeit des Staates der andere Pol im Feldzug gegen sittliche und soziale Nöte der Menschen im beginnenden Maschinenzeitalter.

Anfangs hatte Bodelschwingh wie viele andere noch geglaubt, es gebe so etwas wie eine soziale Selbstreformation der Gesellschaft durch uneigennütziges Handeln der führenden und der besitzenden Stände. Als er sehen musste, wie illusorisch diese Erwartung eines christlich verantworteten Gebrauchs von Gut und Geld war, rief er den Staat in seine gesetzgeberische Verantwortung für die Minderung und das Abschaffen von Notständen. Das Prinzip der Freiwilligkeit gerät schnell an seine Grenzen! Deshalb darf uns nicht überraschen, dass gerade Bodelschwingh, dies Genie der freiwilligen Liebestätigkeit, dieser begnadete Bettler, über die Langwierigkeit und über den Mangel an Konsequenz in der staatlichen Sozialgesetzgebung tief bekümmert war. Er machte eine Reihe von Eingaben, von Petitionen, von Briefen an Politiker, an Verwaltungsbeamte, an Mitglieder des Königshauses und versuchte immer wieder, Bundesgenossen für seine Lösungsvorschläge zu finden.

Neben der Sorge um die Arbeitslosen in den von ihm gegründeten Arbeiterkolonien war sein zentrales sozialpolitisches Anliegen die Lösung der Wohnungsfrage für Arbeiter. Er gründete einen Verein mit dem Zweck, »dem deutschen Arbeiter die Möglichkeit zu verschaffen, sich sein eigenes Heim auf eigener Scholle zu erwerben«. Und nun reist Vater Bodelschwingh. In vielen Vorträgen, in Briefen an Mitglieder der höheren Gesellschaft, in Broschüren, auf Fachkonferenzen, überall setzt er sich unermüdlich ein für seinen Grundgedanken, den er so formuliert: »Mehr Luft, mehr Licht und eine ausreichend große eigene Scholle für den Arbeiterstand.« Das will er in die Öffentlichkeit bringen. Er ist überzeugt:

»Das kräftigste Mittel, den christlichen und sozialen Niedergang unseres Volkes aufzuhalten, ist die Pflege, Stärkung und Wiederaufrichtung eines gesunden christlichen Familienlebens. Der Erwerb eines eigenen Hauses auf eigenem Grund und Boden ist das wirksamste Mittel zur Beruhigung und Ermutigung der arbeitenden Klassen. Er gibt die notwendige Grundlage ab, dieselben auch für höhere, geistige Güter empfänglich zu machen.«

Wer das heute liest, und wer heute an politischen Diskussionen teilnimmt, der wird feststellen: Wir sagen das alles in anderer Sprache, aber wir sagen es mit gleicher Intensität und einer in den großen Städten unseres Landes erhöhten Notwendigkeit, dem Problem des Wohnens, der Wohnumwelt endlich auf den Leib zu rücken. Konkret fordert Bodelschwingh vom Gesetzgeber ein Ansiedlungs- oder Heimstättengesetz, das der Spekulation den Boden entzieht und Familieneigentum auch für den »kleinen Mann« möglich macht. Wer hätte das nicht schon mitgehört und mitgefordert? Konkret fordert er die Bereitstellung billiger Zinsen durch die öffentlichen Kreditinstitute. Konkret fordert er die Verpflichtung der Unternehmer, bei Fabrikneubauten die Wohnungsverhältnisse ihrer Arbeiter zu berücksichtigen.

Für Bodelschwingh ist die Auflösung der Familie der Beginn der Auflösung aller Religion und aller Sittlichkeit. Die moderne Industrialisierung – das hat der Realist Bodelschwingh ganz genau gesehen – brachte für die Menschen in den schnell wachsenden Wohnquartieren ja nicht nur materielles Elend, sondern auch religiös-sittliche Bindungslosigkeit.

Bodelschwingh hat diesen Auflösungsprozess durch Jahrzehnte hindurch genau und besorgt verfolgt. Dieser Prozess hat sein Gewissen stark belastet. Und Bodelschwingh hat auf seine Art und Weise Abhilfe zu schaffen versucht: einmal durch die zitierte Initiative Arbeiterheim, zum anderen durch öffentliche Werbung für den guten Zweck. Bei dieser Werbung konnte durchaus die psychologische und die politische Argumentation überwiegen und das Religiöse überlagern. Das geschieht etwa in einem Brief, den Bodelschwingh im April 1885 an Bismarck schreibt. Er beschreibt anschaulich die entnervende Arbeit des Menschen an der Maschine und berichtet besorgt über die Anfälligkeit gerade der Fabrikarbeiter für sozialdemokratische Agitation. Er hält die Unfall- und die Krankenversicherung nur für einen Anfang, die Not zu lindern; man müsse dem Arbeiter »als Ersatz für sein freudeloses Leben an der Maschine die Freude eines eigenen Herdes auf eigener Scholle gewähren«. Das Familienleben könne aufleben. Branntwein und Tanzsäle verlören ihre Anziehungskraft. Bodelschwingh bittet Bismarck, die nötigen Gesetze für ein Arbeiter-Wohnungs-Programm zu schaffen.

Wir wissen inzwischen: Bismarck ist auf die Anregungen Bodelschwinghs so nicht eingegangen. Eine genossenschaftlich organisierte Arbeiterheim-Bewegung mit Starthilfe des Staates, die gezielte Wohnungsbaupolitik zum Besten der Arbeiter und ihrer Familien betreiben sollte und die auf diese Weise die städtischen Arbeitermassen entradikalisieren sollte – das war nicht Bismarcks Konzept. Bodelschwingh ist über lokale Erfolge nicht hinausgekommen. Die vereinten Widerstände waren zu stark. Aber der zähe Westfale Bodelschwingh ließ nicht locker.

Nachdem Wilhelm II. sein Amt 1888 angetreten hatte und später, nach der Entlassung Bismarcks, sah Bodelschwingh neue politische Möglichkeiten zur Durchsetzung eines christlich-sozialen Reformprogramms. Jetzt, so hoffte er, würde sich verwirklichen lassen, was er dem Kronprinzen in dem bekannten Stoeckerbrief 1885 geschrieben hatte. »Auch glauben wir alle«, so schreibt er dem Kronprinzen, »dass auf dem Kampfplatz, den Stoecker betreten, auf dem christlich-sozialen Boden, der Entscheidungskampf der Zukunft liegt, und dass, wenn das Banner sich im Kampfe neigen sollte, das er erhoben, auch die Tage des christlichen deutschen Kaiserreiches und die Tage unseres geliebten Hohenzollernhauses gezählt sind, was Gott in Gnaden verhüten wolle.«

Aber trotz der vielen Warn- und Mahnrufe Bodelschwinghs an die politische und an die kirchliche Öffentlichkeit, sich der Wohnungsfrage von Arbeitern zuzuwenden, geschah gesetzlich nichts Bahnbrechendes. Dennoch ist er nie ein unkritischer Hofgänger gewesen. Seine vielen Briefe an Mitglieder des Hofes und der hohen Ministerialbürokratie sprechen da eine ganz deutliche Sprache.

Nur wenige haben mit den Herrschern und den Herrschenden von damals so offen über die Schäden im Lande gesprochen, wie er es getan hat. Aber der Alte von Bethel, wie man ihn nannte, war ein Einzelgänger, keiner Partei zugehörig, kein mächtiger Interessenvertreter der Landwirtschaft oder der Industrie. Als Macht konnte er nur sich selber, seine Persönlichkeit und seine Argumente in die Waagschale legen. Das brachte zwar Respekt, aber keinen schnell sichtbaren Erfolg in der Politik. Die Massen, mit denen Bodelschwingh anrückte, um für sie, für ihre humane Behandlung und für ihre Rechte zu kämpfen, waren ja die Randgruppen einer leistungsorientierten Industriegesellschaft: die Arbeitslosen, die Wohnungslosen, die Kranken, die Schwachen.

Das Zeitalter aber war das Zeitalter harten Konkurrenzdenkens. Sozialdarwinistisch nannte man die Weltanschauung. Und in einer solchen Zeit machten diese Gruppen auf die Zentren der politischen und der wirtschaftlichen Macht in der Regel keinen nachhaltigen Eindruck. Sie sprachen vielleicht die Barmherzigkeit und die Reserven der besser Platzierten an. Dass aber diese Menschen Rechte haben sollten, verbürgte soziale Rechte und andere soziale Möglichkeiten mit Hilfe der Allgemeinheit, das lag weithin außerhalb des Gesichtskreises derer, die verantwortlich waren.

Der totale Versorgungsstaat findet in Bodelschwingh keinen Vorläufer, wohl aber der soziale Rechtsstaat, der Menschen – und vor allem bestimmten Gruppen von Menschen – die realen Voraussetzungen zu menschenwürdigem Leben schafft. Menschen aus Objekten billiger, manchmal sentimentaler Barmherzigkeit zu Subjekten eigenverantwortlicher Lebensbewältigung zu machen – das war die Linie der Sozialpolitik Friedrich von Bodelschwinghs.

Aber – und hier dürfte die Grenze dieses großartigen Einzelkämpfers liegen – er versuchte, wie alle Sozialkonservativen seiner Generation es taten, die soziale Frage von der Frage nach der politischen Mündigkeit abzukoppeln. Und hier stand eine Jahrhundertentwicklung gegen ihn. Der bürgerliche Liberalismus, der proletarische Sozialismus, das waren Bewegungen, die sich nicht mehr auf die ökonomischen und die sozialen Gebiete beschränken ließen. Politische Emanzipation, das wurde die Losung.

Vor allem die vielen Streiks, die zu jener Zeit stattfanden, die aber eine andere Bedeutung hatten, als Streiks das heute haben – ich erinnere an die großen Bergarbeiterstreiks an der Ruhr 1889, 1905 –, haben überdeutlich gezeigt, dass sich revolutionärer Zündstoff ansammelte, der seine Ursache nicht nur in der schlechten sozialen Lage hatte, sondern auch in der politischen Untertanenschaft. Diesen engen sachlichen und auch emotionalen Zusammenhang der sozialen und politischen Frage haben Männer wie Bodelschwingh und Stoecker nicht deutlich genug gesehen und vielleicht nicht sehen können. Sie glaubten beide daran, mit Hilfe der Besserstellung des arbeitenden Volkes durch soziale Gesetzgebung des Staates und durch kirchliche Liebestätigkeit die proletarischen Massen wieder mit dem preußisch-deutschen Herrschaftssystem versöhnen zu können.

Hier dürften auch die Gründe dafür zu suchen sein, dass ein so großer Arbeiterfreund wie Bodelschwingh, der sich wie kein anderer Zeitgenosse für die Arbeitslosen, für die Wander-Armen, für den Arbeiter-Wohnungsbau eingesetzt hat, nie ein Mann der Massen der Fabrik- und der Bergarbeiter werden sollte. Er genoss Respekt; aber er gewann keine Führerschaft. Sein Verständnis für sie und ihre Lage war grenzenlos liebevoll. Ihr Streben aber nach politischer Befreiung aus den Fesseln des preußischen Obrigkeitsstaates und ihr Verlangen nach staatsbürgerlicher Gleichberechtigung waren für ihn nicht nachvollziehbar, nicht verständlich.

Aber diese Grenzen zu sehen und auszusprechen, das nimmt Bodelschwingh nichts von seiner einmaligen Größe als Mann der sozialen Tat und als Mann der sozial-politischen Initiative. Sieht man es von heute her, dann ist Friedrich von Bodelschwingh nicht nur ein Vater unserer Kirche, sondern in seiner eigengeprägten Weise auch einer der Väter unseres modernen Sozialstaates. Und für diese doppelte Vaterschaft sind wir dankbar.

Janusz Korczak

1878–1942

Es sind weniger die erfolgreichen Schlachtenlenker, die gekrönten Herrscher, die vermeintlichen Weltverbesserer, denen junge Menschen heute nacheifern wollen oder an denen ihr Herz hängt, als vielmehr Menschen, die sich in schwerer Zeit als Retter ihrer Mitmenschen oder als Praktiker der Nächstenliebe erwiesen haben. Es sind Menschen, die das Mit-Leiden ernst nahmen, die solidarische Opfergänge angetreten haben aus der Konsequenz ihres Glaubens und um des Gewissens willen. Zu diesen Menschen gehört Janusz Korczak, jener polnische Arzt und Pädagoge, der nicht nur wichtige Bücher über Kindererziehung (»Wie man ein Kind lieben soll« und »Das Recht des Kindes auf Achtung«) und für Kinder (»Wenn ich wieder klein bin«, »Der Bankrott des kleinen Jack«) geschrieben hat, sondern der mit verlassenen Kindern den Todesmarsch in ein nationalsozialistisches Vernichtungslager angetreten hat.

Dieser Mann, der eigentlich Henryk Goldszmit hieß, der als Arzt im Russisch-Japanischen Krieg (1904/05) und im Ersten Weltkrieg gearbeitet, der ein Waisenhaus für jüdische Kinder in Warschau und ein Heim für Arbeiterkinder in Pruszkow geleitet hat, ließ sich mit seinen Kindern im Warschauer Ghetto einschließen, bewohnte also eine »Hungertodesinsel im Meer der langsam quälenden Aushungerung Warschaus«. Das war im Oktober 1940. Er war damals schon zweiundsechzig Jahre alt. Als im August 1942 die ihm anvertrauten Kinder abgeholt wurden, um in das Lager Treblinka gebracht zu werden, hat Korczak das Angebot zu bleiben abgelehnt und die Kinder begleitet.

Beschrieben wurde, wie der weißhaarige, gebrochene Mann zwei der entkräfteten Kinder auf seinen Armen trug oder an der Hand führte, als der Zug der Todgeweihten das Getto verließ. Er ist mehr als ein Erzieher. Er ist der Vater und Bruder dieser zweihundert Judenkinder geblieben, als es galt, Seite an Seite mit ihnen das Sterben auf sich zu nehmen. Aus Treblinka drang keine Nachricht mehr an die Außenwelt.

Keine Spur blieb mehr von Dr. Janusz Korczak und den Waisenkindern aus Warschau.

Doch – es sind Spuren weit über Treblinka hinaus geblieben. Korczak wurde vor zehn Jahren posthum mit dem Friedenspreis des Deutschen Buchhandels geehrt; ein Theaterstück, Dokumentationen, Fernsehen und Bücher haben seine Geschichte, die Geschichte deutscher Grausamkeit und ungeheuren Leides von Unschuldigen weitergegeben. Das sind die Spuren, an denen wir und auch noch Generationen nach uns nicht vorübergehen können.

Wir leben in einer Zeit, die aus mancherlei Gründen unser Geschichtsbewusstsein durch Jubiläen, durch Gedenkjahre und -tage nährt. Da stehen uns Luther, Marx und Wagner im kommenden Jahr bevor – und ein sehr viel näher liegendes Datum, nämlich der 30. Januar, an dem sich 1983 zum fünfzigsten Male der Tag jährt, an dem Reichspräsident von Hindenburg einen Mann namens Adolf Hitler zum Reichskanzler berief. Da geht es weiter mit Ermächtigungsgesetz, der Auflösung der Parteien, der Einrichtung von Konzentrationslagern, dem Verlassen des Völkerbundes – alles vor fünfzig Jahren. Und uns noch näher liegend: die Zeit vor vierzig Jahren. Da finden wir deutsche Soldaten im Kaukasus und in Afrika, da wird ein Dorf namens Lidice dem Erdboden gleichgemacht und es beginnt die planmäßige Ermordung der europäischen Juden in den Gaskammern der Vernichtungslager.

Wir blicken zurück auf diese Zeit und sprechen von ihr wohl als Zeit namenlosen Leidens. Erziehung, nicht nur die zum Erfassen von Geschichte, kann dem Leiden wie dem Verbrechen Namen, viele Namen geben. Einer, der unauslöschlich bleibt, ist der Name Janusz Korczak.

Karl Barth

1886–1968

Ich weiß nicht, wie viele gerade, während wir die Musik gehört haben, an den Brief gedacht haben: Herrn Wolfgang Amadeus Mozart, zur Zeit im Himmel – an den Brief, den Karl Barth zuerst in einer Schweizer Tageszeitung veröffentlicht hat, der dann in einer kleinen Broschüre erschienen ist, und den wir vor drei oder vier Jahrzehnten herumgereicht haben! Ich weiß nicht, ob Sie sich überlegt haben: Was bringt wohl einen Politiker dazu, eine Karl-Barth-Feier zu veranstalten? Ich will ein wenig davon erzählen, denn wenn man sich auf eine solche Feier vorbereitet, dann fallen einem natürlich nicht nur die persönlichen Begegnungen ein, die man als vierzehn-, fünfzehn-, sechzehnjähriger Schüler gehabt hat: Karl Barth im Klingelholl, sondern es fallen einem auch die ganzen Anekdoten ein, die ja fast schon kanonisch sind: »Herr Professor, werden wir droben unsere Lieben wiedersehen?« »Ja, aber die anderen auch.«

Es fällt einem ein die bis ins Anekdotische hineinreichende Auseinandersetzung zwischen Karl Barth und Paul Althaus: »Er wohnt in der Bismarckstraße, ich wohne im Pilgrimsweg.«

So könnte man ins Erzählen geraten. Wenn man in unsere Tage geht, dann fällt einem nicht nur der Brief an Mozart ein, sondern dann findet man es auch bemerkenswert, dass in diesen Wochen und Monaten ein katholischer Theologe, der in Paderborn lehrt, einen Brief an Karl Barth geschrieben und ihn ein wenig »in seiner Seligkeit gestört« und ihm ein paar Fragen gestellt und ein paar Hinweise gegeben hat. Ich bin auf eine so sehr persönliche Weise auf den von vielen unterstützten Gedanken gekommen, anlässlich des Jahres, in dem wir an Karl Barths Geburtstag vor hundert Jahren denken, Menschen einzuladen, ob sie nicht ein wenig mit nachdenken wollen – und ein bisschen posthume Ehrung ist schon auch dabei.

Mir geht es nicht darum, dass Karl Barth politisch vereinnahmt wird, sondern ich wollte mit einigen, denen Karl Barth auch heute viel bedeutet, zusammenkommen, und das in der Erinnerung an das Jahrzehnt seines Lebens, in dem er an zwei bedeutenden deutschen Universitäten gelehrt hat. Sie wissen: 1925 wurde Karl Barth nach Münster berufen; er begann die Arbeit an der »Kirchlichen Dogmatik«. Ab 1930 war er Professor für Systematische Theologie in Bonn bis zu der – wie man das nannte – Versetzung in den Ruhestand durch den bekannten Erlass des nationalsozialistischen Reichswissenschaftsministers am 21. Juni 1935. Wir haben hier in Düsseldorf, zwischen Bonn und Münster, Anlass, dieses Mannes zu gedenken, der damals Recht hatte, als er vom »Gebot des Dableibens« (in Deutschland nämlich) sprach und als er die Botschaft des Elberfelder Presbyteriums 1927 als Aufforderung beschrieb, »... dass meine Trompete gerade in Deutschland nicht verstumme«.

Nun wissen wir: Trompeten in dieser Tonart sind unter Christen, und unter Deutschen, von den Deutschen Christen gar nicht zu reden, nicht immer beliebt. Es wird niemanden erstaunen, dass ich in diese Feststellung die Politik und die Wissenschaft und akademische Institutionen – ohne Vorwurf übrigens – einbeziehe. Die leisen Theologen sind uns allemal lieber als die mit der Trompete. Das kann kein Zweifel sein: Karl Barths theologisches Denken, das sich mit einer Theologie des zwar »entweder-oder«, aber auch »sowohl-als auch« nicht abfinden konnte, war anstößig damals und ist es gelegentlich auch heute. Auf seine unverwechselbare Weise war er ein Radikaler.

Er war es spätestens seit seiner Schrift »Theologische Existenz heute!« im Juni 1933 für die Nationalsozialisten. Er hat diese Flugschrift Hitler persönlich zukommen lassen. Der sogenannte Führer konnte auf der letzten Seite dieses Manifestes lesen, dass – ich zitiere – »die Kirche die naturgemäße Grenze jedes, auch des totalen Staates« sei. Karl Barth war ein Radikaler für viele Christenmenschen, deren Versuche er übelnahm – und hier zitiere ich Eberhard Jüngel –, »das allein in Jesus Christus gelegte Fundament der Kirche durch andere Bausteine zu ersetzen, zu ergänzen oder noch einmal zu untermauern«.

Die befreiende Sprache der Bekenntnissynode von Barmen vom Mai 1934, vor allem in der ersten These, empfinden viele als die Sprache des Radikalen. Wir wollen auch nicht unterschlagen, dass Karl

Barth nach dem Zweiten Weltkrieg im Wortsinne oft anstößig geworden ist – für seine Kirche, für die Deutschen, auch für die Partei, der er so lange die Treue gehalten hatte als einer, der sich mit dieser Zugehörigkeit nicht zur Idee und zur Weltanschauung des Sozialismus bekennen wollte, sondern der sich auf seine praktische politische Entscheidung berief.

1933 hat er an Paul Tillich geschrieben: »Vor die verschiedenen Möglichkeiten gestellt, die der Mensch in dieser Hinsicht hat, halte ich es für richtig, die Partei 1. der Arbeiterklasse, 2. der Demokratie, 3. des Nichtmilitarismus und 4. einer bewussten, aber verständigen Bejahung des deutschen Volkes und Staates zu ergreifen.« 1968 sprach er rückblickend von dem »Gebot der Anständigkeit«, auch vom Akt des Protestes »gegen das Heraufkommen der Hitlerei«. Aber wir lesen in einem Brief an ein Mitglied dieser Partei auch, »dass ich heute nicht nur kein Glied Ihrer Partei mehr bin, sondern auch mit Unmut und Wehmut zur Kenntnis nehme, dass dieselbe Partei von damals heute in der Schweiz wie in Deutschland so lendenlahm geworden ist«.

Dann folgte eine Aussage, die es manchen unter uns damals in den sechziger Jahren und heute schwer gemacht hat, sich im politischen Bekennen an seine Seite zu stellen, als er nämlich berichtet, dass »ich immer wieder mein Wörtchen dafür eingelegt habe und immer noch lege, dass die im Westen so eifrig und eifernd aufgebauten Mauern und Barrieren zum Osten hier abgerissen werden«. Das stimmt: Mit der Angst und dem Hass des Antikommunismus hat sich Karl Barth nie abfinden können. Und für einen so großen Liberalen wie Theodor Heuss war er damit so anstößig, dass Theodor Heuss als Bundespräsident die geplante Verleihung des Friedenspreises des Deutschen Buchhandels an Karl Barth verhindert hat.

Wahrscheinlich hat Heuss damals wohl auch überhört, mit welchen Worten sich Karl Barth 1948 an die Gemeinde von Wattwil/St. Gallen gewandt hat: »Ich bin gegen alle Angst vor Kommunismus. Ein Volk, das ein gutes Gewissen hat, dessen demokratisches und soziales Leben in Ordnung ist, braucht keine Angst vor ihm zu haben. Und so erst recht nicht eine Kirche, die des Evangeliums von Jesus Christus gewiss ist.« »Das christliche Wort heute muss dahin lauten, dass wir uns nicht fürchten sollen.« Das hat Karl Barth 1950 gesagt und weiter: dies Wort könne nicht gesagt werden. Es scheine ihm am besten, dass man es zu leben versuche und schweige, »wo ohnehin so viel geredet wird«.

Ich denke, dass er diese Einsicht vom furchtlosen Christsein in der Tat gelebt und vorgelebt hat. Er war der ernsthafte, der ernst zu nehmende Christenmensch ohne Furcht, als er Hitler seine Flugschrift schickte, als er auch an seine Kirche gewandt, hinausschrie: »Antisemitismus ist Sünde gegen den Heiligen Geist, ist Verwerfung der Gnade Gottes«. Er war ohne Furcht, als er 1945 von der deutschen Verantwortlichkeit für die Katastrophe sprach und davon, »dass die klare Bestätigung des Wissens um ihre Ursache von deutscher Seite noch nicht da ist«. Er war wiederum furchtlos, als er sich bei Kriegsende an die Sieger wandte und sich für uns geschlagene Deutsche einsetzte. Er war es auch später, als er den »heutigen Schläfern«, wie er sie nannte, zurief: »Wer den Kommunismus nicht will, der trete ein für einen ernsthaften Sozialismus.« Das war vor 1950 in Westdeutschland, auch unter Christen, nicht gerade opportun.

Schließlich wird sich mancher unter uns dieser aufrüttelnden, ja unbequemen Fragen erinnern, die er einem ratlosen Mitchristen auf den Weg gab, als dieser sein Wort einholen wollte zur Dortmunder Großkundgebung der Bewegung »Kein anderes Evangelium«. Da ging es um Atomwaffen, um Vietnam, um Frieden mit den osteuropäischen Nachbarn, um Anerkennung der Grenzen von 1945 und es ging auch um – so sagt Karl Barth – »euer richtiges Bekenntnis zu dem nach dem Zeugnis der Heiligen Schrift für uns gekreuzigten und auferstandenen Jesus Christus«, also um ein fruchtbares Bekenntnis. Diese Briefpassage, die so unbekannt nicht ist, schließt mit dem so kraftvollen und rücksichtslos entschiedenen Satz, der sich auf die politischen Kernfragen und auf das richtige Bekenntnis der Christen zugleich bezieht. »Wenn es das nicht in sich schließt und ausspricht« – so schreibt der fast Achtzigjährige –, »dann ist es in seiner ganzen Richtigkeit kein rechtes, sondern ein totes, billiges, Mücken und Kamele verschluckendes und also pharisäisches Bekenntnis.«

Es täte uns allen gut, beim Gedenken an diesen Lehrer der Kirche und diesen Hochschullehrer diese Unterscheidung zwischen dem ganz richtigen und dem rechten, dem kostbaren, dem fruchtbaren Bekenntnis im Kopf zu behalten und vor seinem hundertsten Geburtstag auf diesen Mann in unserem Jahrhundert mit Dankbarkeit zu blicken, der den »ewigreichen Gott« in einer zwar subjektiv, aber niemals objektiv gottlosen Welt bezeugen wollte.

Karl Immer

1888–1944

Vielleicht ist diese Geschichte ja nie wirklich geschehen, aber wir haben sie einander als Kinder voller Bewunderung und Stolz immer wieder erzählt, und vielleicht stimmt sie ja doch: Da geht »unser Pastor« Immer ruhig und zielsicher durch den Klingelholl, »seine« Straße, und ihm kommen junge Leute entgegen, Hitlerjungen, »Jungvolk«. Sie haben so zueinander aufgeschlossen, dass dem Pastor kein Ausweichen möglich ist. Tagelang haben sie geplant, dass sie Pastor Immer eine Falle stellen und ihn endlich zwingen wollen, den stets verweigerten Gruß »Heil Hitler!« auszusprechen. Entschlossen marschieren sie über den Bürgersteig, bis sie unmittelbar vor ihm stehen: »Heil Hitler, Herr Pastor!« Er zieht den schwarzen Hut und grüßt freundlich zurück: »Immer!« Was blieb den Jungen da noch anderes als die Einsicht, dass er besser war ...

Wann ich Karl Immer zum ersten Mal begegnet bin, weiß ich nicht mehr, weil er und seine Familie von Anfang an zu unserem Leben gehörten. Die ersten Erinnerungen an den Kindergarten sind zugleich die an seine Besuche und an seine Tochter Leni, die dort »aushalf« und uns die ersten biblischen Geschichten erzählte.

Wenn Pastor Immer, um neue Kraft zu sammeln, einen Spaziergang durch den Barmer Nordpark machte, dann geschah es manchmal, dass er anklingelte und fragte, ob eines meiner Geschwister oder ich ihn wohl begleiten mochten. Dann erzählte er von der ostfriesischen Heimat oder davon, dass die Gegner Hitlers keine Gegner Deutschlands seien, weil unter diesem Mann Deutschland seinen Ruf und der deutsche Name seinen guten Klang verliere.

Ich kann sein Leiden nicht nachempfinden, kann den Schmerz angesichts des an die Hausfront des Pfarrhauses gespritzten »Hier wohnt Volksverräter Immer« nur erahnen. Auch die Erniedrigung, die ihm durch die Vernehmungen, das Fotografiertwerden und die Abnahme der Fingerabdrücke während der Haft im Berliner

Gestapo-Gefängnis Alexanderplatz widerfuhr, kann ich nur entfernt ermessen.

Die letzte Erinnerung an ihn ist mir freilich gegenwärtig. Am ersten Ostertag 1944 predigte Pastor Immer und begann mit einem Zitat, bei dem sein rrrollendes »R« uns beeindruckte: »Triumph, Triumph, es kommt mit Macht und Siegesfürst heut aus der Schlacht. Wer seines Reiches Untertan, schau heute sein Triumphfest an!« Wenige Wochen später, im Juni des gleichen Jahres, starb Karl Immer, weil Verfolgung und Haft und Demütigung seine Kraft stärker reduziert hatten, als wir Kinder das spüren oder auch nur ahnen konnten. Ich war 13 Jahre alt, 50 Jahre jünger als heute, da ich älter bin, als Pastor Immer wurde ...

Leni Immer, seine älteste Tochter, hat bewegend und farbig die Geschichte jenes Gemarker Pastorenhauses erzählt, das so viele Menschen geprägt und für ihr Leben »ausgerichtet« hat, ohne sie »abzurichten«. Ich habe das Manuskript lesen und vieles wachrufen können. Und ich möchte selber weitererzählen von Friederike, der bewunderten Freundin meiner Schwester: von Adalbert, dem sensiblen und begabten Vorbild; von Udo, den der kleine Sextaner Johannes als großen und respektheischenden Sekundaner erlebte; von Adolf Frielinghaus, der Hausmeister war und viel mehr als das. Sogar die drei Kaninchen fallen mir ein, denen Adalbert und Udo aus mir nicht mehr erinnerlichen Gründen die Namen der drei Männer im Feuerofen gegeben hatten: Sadrach, Mesach und Abed-Nego.

Was für Leni Immer und ihre Geschwister eine Jugend im Kirchenkampf war, war für mich Kindheit. »Da ich ein Kind war, redete ich wie ein Kind.« Aber hell vor Augen steht, was jener Kirchenkampf bewirkt hat, an den wir ein halbes Jahrhundert später hoffentlich denken wie an »unsere Lehrer, die uns das Wort Gottes verkündet haben«, ohne Heldenverehrung, ohne Heiligsprechung, aber voller Dankbarkeit. Menschlich geredet, hätte es ohne Karl Immer keine Bekenntnissynode und keine »Barmer Theologische Erklärung« gegeben. Er hat öffentlich gemacht, was die Herren von damals lieber im Kämmerlein aufbewahrt als auf der Kanzel verkündet, lieber im Konventikel versteckt als in den Zeitungen berichtet gesehen hätten. Ich habe es oft als ein Defizit der zeitgenössischen Kirchengeschichtsschreibung angesehen, dass Karl Immers bedeutende und unverzichtbare Rolle im

Kirchenkampf erst sehr spät und nur unzulänglich beschrieben worden ist.

Karl Immer war glaubwürdig. Vollmacht lag nicht nur im bloßen rhetorischen Talent, sondern in der Übereinstimmung von Reden und Tun, in der unpathetischen Bereitschaft, einzustehen dafür, dass befreiender Glaube nicht entlässt in die Beliebigkeit des Tagesgeschehens, sondern ermutigt zum klaren und klärenden, also auch zum die Geister scheidenden Wort. Dies Wort war kraftvoll, aber es konnte leise sein. Tapfer war es immer.

Und ein zweites wird deutlich und ist mir wichtig: So unverwechselbar und so unverzichtbar Karl Immers Wirken war, so sehr es den Weg der Bekennenden Kirche mitbestimmt hat, so wenig darf verschwiegen oder übersehen werden, dass es das Haus, das Pfarrhaus, die Familie im Ganzen war, die diesen Weg möglich machte – nicht ohne Wirren denke ich an die Abiturfeier des Sohnes Karl, der später viele Jahre lang als Präses der Evangelischen Kirche im Rheinland wirkte und unvergessen bleibt. Vor einigen Jahren erschien ein viel beachtetes Buch, in dem Pfarrerskinder ihren oft beschwerlichen Weg beschrieben und manche von ihnen »abrechneten«, was scheinbar abzurechnen war. Da hilft der Kontrapunkt zur Wirklichkeit: Es gibt auch das andere, dass Kräfte ausgehen von der Übereinstimmung zwischen Reden und Tun, zwischen Glauben und Leben.

Im 40. Psalm ist davon die Rede: »Er hat mir ein neues Lied in meinen Mund gegeben, zu loben unseren Gott. Das werden viele sehen und sich fürchten und auf den Herrn hoffen.« Gewiss, ein Bilderbruch: Lieder, die man nicht hört, sondern sieht, aber ist das nicht auch in Zeiten, in denen kein Kirchenkampf angesagt ist, eine Botschaft, die besser verstanden werden kann als jede Proklamation großer Worte?

Reinold von Thadden-Trieglaff

1891–1976

Ich habe manchmal darüber nachgedacht, dass und warum und auf welche Weise wir Evangelischen uns so schwertun mit der Würdigung, mit dem Erinnern an Menschen, die vor uns gewesen sind. Heiligenkalender haben wir nicht. Heldenverehrung ist nicht angesagt. Also üben wir uns darin, immer wieder auf das hinzuweisen, was alles menschlich war am menschlichen Werk, um nur ja nicht den Jubel aufkommen zu lassen über ein gelungenes Leben. Wir sind ein wenig unsicher, wenn wir der Väter und Mütter zu gedenken haben. Ich kann nicht dazu raten, bei dieser Unsicherheit zu bleiben, denn es gibt biblische Gründe, von ihr abzukommen.

Nicht, weil in irgendjemandes Fleische etwas Gutes wohne, davon ist nicht die Rede. Nicht, weil wir behaupten könnten, das Gelingende an unserem Leben sei unser Werk, aber weil es im Alten wie im Neuen Testament Aussagen gibt über die Menschen, die Zeugen Gottes sind. Diese Aussagen können jedoch die Unsicherheit noch einmal steigern. Da wird gesprochen von denen, die den Frieden verkünden. Bei denen sind sogar die Füße lieblich. Und es wird uns erzählt, dass der, der an IHN glaubt, wie die Schrift sagt, jemand sei, von dessen Leibe Ströme lebendigen Wassers fließen werden. Da ist die Rede – und wer begönne nicht bei Psalm 1 und seinem ersten Teil – von den Frucht bringenden Bäumen.

Ich habe mir solche Gedanken gemacht, als ich mir überlegt habe, ob ich mir das zutrauen sollte, in Fulda über Reinold von Thadden-Trieglaff zu sprechen. Von einem der beiden großen Männer der evangelischen Tradition, die in diesem Jahr hundert Jahre alt würden, wenn sie noch lebten. Der andere, ein stärker Vergessener, ein stärker in die Erinnerung Zurückzuholender war der Propst von St. Marien, Heinrich Grüber, ein rheinischer Lehrerssohn. Dessen Spezialität waren zwei Dinge: Pässe fälschen und predigen. Viele Jahre hat er im Büro Grüber in Berlin die Pässe der jüdischen Mitbürger gefälscht, die sonst nicht mehr herausgekommen wären, die sonst nach der verharmlost genannten »Reichskristallnacht« hätten wissen können, wie die Endstation hieß: Theresienstadt, Auschwitz. Der später dann als der erste Evangelische Beauftragte bei der Regierung der DDR manches gemacht hat, von dem man heute sagt: »Das ist längst Vergangenheit«. Auch Heinrich Grüber, der für die Juden geschrien hat – ich erinnere an das Wort Dietrich Bonhoeffers, dass nur der, der für die Juden geschrien habe, auch gregorianisch singen dürfe –, würde in diesen Wochen hundert Jahre alt.

Reinold von Thadden-Trieglaff – beim Kirchentag kennen viele seine Lebensgeschichte genau. Da kennen viele das Maß seiner Begabungen und die Wärme seiner Ausstrahlung. Ein Mann, der seinen siebzigsten Geburtstag begangen hat – oder auch gefeiert, das weiß ich nicht – an jenem Tag, an dem in Berlin die Mauer gebaut wurde, am 13. August 1961. Da war die Schlusskundgebung des Kirchentages im Olympia-Stadion genau drei Wochen her. Da war es erst sieben Jahre her, dass auf dem Leipziger Kirchentag Hermann Ehlers und Otto Nuschke, bischöflich geleitet von Otto Dibelius, im Stadion Platz nahmen, als Klaus von Bismarck seine Rede hielt: Die Freiheit zum Halten und Hergeben. Das war eine Rede auf dem Kirchentag, von der ich behaupte, dass sie im Vorgriff auf die Ostdenkschrift und den Besuch der Deutschen Bischofskonferenz bei den Katholischen Bischöfen Polens einen Markstein gesetzt hat für das, was an Versöhnungswerk in den Jahrzehnten danach zu leisten war.

Natürlich geht es einem bei der Vorbereitung einer solchen Rede auch so, dass man nicht nur über den nachdenkt, an den zu erinnern und der der Anlass des Treffens ist, sondern dass man sich auch die eigenen Erfahrungen mit dem Kirchentag von Essen 1950 bis zum Revierkirchentag 1991 in Erinnerung ruft. Was war das damals für ein Satz 1950 in der Schlusskundgebung in Essen, gesprochen von Gustav Heinemann: »Eure Herren gehen, unser Herr aber kommt.« Ein Satz, wie er – wenn ich es richtig sehe – nur alle paar Jahrzehnte einmal mit einer solchen Prägnanz in eine Lebenssituation hinein gesprochen wird. Wenn man dann in einem kalenderähnlichen Lebenshilfebuch blättert, wie ich das vor einigen Tagen getan habe, und dort unter irgendeinem Datum den Satz »Eure Herren gehen, unser Herr aber kommt« entdeckt, und es steht darunter: »Deutscher Volksmund« – dann wird einem bewusst, wie nah das Tragische und das Komische beieinander liegen.

Ich habe versucht, Ihnen in dieser Einleitung deutlich zu machen, dass es mir nicht leicht gefallen ist, dass es aber zugleich eine wunderschöne Arbeit war, sich in den letzten Wochen und Monaten besonders wieder an Reinold von Thadden zu erinnern. Das erste: Was hat dieser leidende Mann für eine Kraft gehabt! Wo sind wohl die Quellen dieser Kraft? Die, die dabei waren, werden sich erinnern, wie oft man in einer Präsidiumssitzung oder bei einer anderen Gelegenheit gezögert hat, ihn etwas zu fragen, weil man sich sagte: Er muss ja dann antworten, und er muss dann all die Schmerzen ertragen, die nach den vielen Kehlkopfoperationen seine Stimmkraft so reduziert hatten. Kann man ihn überhaupt ansprechen? Und ihn dann zu hören, im Einzelgespräch oder in der Hauptversammlung (so hießen früher die Schlusskundgebungen)! Und dann zu merken, wie bei diesem Mann die Identität von Reden und Tun jedenfalls immer im Ziel waren! Das wird wohl einer der Gründe dafür gewesen sein, dass dieser Mann eine solche Kraft und eine solche Ausstrahlung hatte.

Nun füge ich hinzu: Er brachte auch viele natürliche Gaben mit. Es ist nicht so gewesen, dass dieser Mann sein klares Profil erst gewonnen hat, weil im Kirchentag so viele Christen um ihn waren. Dieser pommersche Junker hat in sehr jungen Jahren gezeigt, dass er Rückgrat hatte, nicht nur eine Wirbelsäule. Wenn man hört, dass er mit einundzwanzig Jahren zum Duell gefordert wird, das Duell ausschlägt – nicht weil er Angst hat, sondern weil er das Duell für ethisch nicht erlaubt hält – und damit jahrelang in Kauf nimmt, dass ihm in der damaligen Gesellschaft Preußens der Eintritt in die Regimenter, in denen die übrigen pommerschen Landjunker sind, verwehrt wird – dann muss man sich schon wieder bei der Ironie erholen, dass ausgerechnet Kaiser Wilhelm kurz vor dem Ersten Weltkrieg mit einem Handschreiben gesagt hat: Jawohl, er darf zu den Dragonern. So hat uns Werner Hühne das in seiner Biographie erzählt.

Und dann geht Reinold von Thadden einen Weg, bei dem nur der sehr Aufmerksame bemerkt, dass da ungewöhnliche Wegemale sind. Wir stellen fest, dass er ein Praktikum macht bei Friedrich Siegmund-

Schultze. Denen, die nicht wissen, was das damals für ein Signal war, denen muss man sagen: Gegenüber Siegmund-Schultze war der späte Martin Niemöller ein durchaus konservativer Mann. Siegmund-Schultze, das war Friedensbewegung hoch zwei. Da ist Reinold von Thadden-Trieglaff, und man merkt: Das ist für ihn eine der Situationen, in denen sich Leben entscheidet und verändert. Es gibt keinen Bericht über ein Damaskuserlebnis, wie wir das in der Apostelgeschichte lesen. Aber man spürt doch: Er wächst hinein in eine christliche, profilierte, erkennbare Position, und er bleibt gerade und gradlinig.

Als er später in der Zeit des Dritten Reiches das erste Mal vernommen wird, ist sein erster Satz in der Vernehmung an Klarheit nicht zu überbieten. Er sagt: »Ich bin kein Schweinehund, ich bin ein preußischer Edelmann.« Sich verbogen, so getan, als komme er woanders her als von da, wo seine Wurzeln sind, hat Reinold von Thadden nicht. Aber er ist früh ein Mann geworden, der die pommersche Bodenständigkeit, das Zuhausesein – auch auf Trieglaff – verbunden hat mit einer weltweiten Kommunikation, mit Kontakten.

Er hat Menschen gekannt, deren Biographien in evangelischen Pfarrhäusern hinter Glas stehen. Wir und unsere Väter haben die nicht gekannt, beispielsweise John Mott, der neben Willem Visser't Hooft entscheidend zu der Entwicklung des Weltkirchenrates beigetragen hat, wie sie sich dann in Amsterdam und in Evanston gezeigt hat. Da war von Thadden dabei, er, der Vizepräsident des Christlichen Studentenweltbundes, der dreizehn Jahre lang im Zentralausschuss des Weltkirchenrates mitgewirkt hat – und einige wissen, was das bedeutet an Programm.

Als Reinold von Thadden mit einigen anderen den Kirchentag beschlossen hatte, als aus der Evangelischen Woche der Kirchentag werden sollte, widersprach der Rat der EKD. Von Thadden fuhr zu Dibelius – man muss sich die Begegnung der beiden zu diesem Thema einmal vorstellen –, und er hat sich durchgesetzt. Dann kam mit Hannover 1949 die Institutionalisierung des Kirchentages. Ich sage nicht, wie sich dann »Fulda« entwickelt hat – und wie oft wir in unseren Arbeitsgruppen entweder begeistert oder entgeistert gesagt haben: Fulda hat anders entschieden. Von da an, von dieser Entscheidung 1949/50 an, ist der Kirchentag Lebensmelodie von Thaddens. Werner

Hühne hat uns in der Biographie berichtet, dass einer seiner Freunde damals gesagt hat: »Wenn ich mit ihm über Maikäfer spreche, ist er beim dritten Wort beim Kirchentag.« Ich denke, so ist es auch gewesen. Aber es musste wohl auch so sein, denn ohne diese Hartnäckigkeit, ohne diesen Arbeitseinsatz, ohne soviel glaubwürdiges Engagement wäre das nicht zustande gekommen, wäre der Kirchentag nicht die »Einrichtung in Permanenz« geworden, wie das damals im Beschluss stand.

Nun lassen Sie uns noch nach dem fragen, was – soweit ich das sehe – Reinold von Thadden mit dem Kirchentag wollte. Und schon sind wir natürlich alle bei unseren Vorstellungen vom Kirchentag, auch bei unseren Erlebnissen und Schicksalen mit dem Kirchentag. Es ist wohl richtig beobachtet, wenn man sagt: Er wollte zuerst Erneuerung der Kirche, aber er wollte sie nur um der Erneuerung der Welt willen. Sehr schnell hat Reinold von Thadden eine Erfahrung seines Lebens, auch seines Berufslebens, in den Kirchentag hineingebracht: Dass nämlich der Kirchentag im Getümmel der Welt stattfindet, und dass es da alle Anfechtungen und alle Chancen gibt. Anfechtungen? Dass man vielleicht nicht mehr erkennbar genug, nicht mehr profiliert genug, vielleicht zu verwaschen, vielleicht zu modernistisch sein könnte? Aber die andere Anfechtung eben auch: Dass man zu schnell in den Proporz verfällt – und den gibt es ja nicht nur zwischen politischen Parteien, sondern auch zwischen Frömmigkeitsstilen und Theologiegeschichten. Das alles war »Getümmel der Welt« in diesen Jahren und Jahrzehnten.

Und doch galt es, konfessionelle Grenzen zu überwinden, politische Grenzen, die deutsch-deutschen und die internationalen. Man betrachte allein die deutsch-deutsche Geschichte dieses Kirchentages von Leipzig über Berlin 1961, wo am Tage des Mauerbaus die Flugblätter von der Zeit drei Wochen vorher ja gewissermaßen noch in den Messehallen lagen, bis heute. Das alles ist eine Geschichte gewesen voller Risiken, voller innerer und äußerer Spannungen. Vieles ist liberaler geworden und auch freundlicher. Ich kann mich als einer der Schlussredner auf dem Kirchentag 1959 in München gut erinnern. Wir mussten die Texte unserer Ansprachen noch drei Wochen vorher in Fulda abliefern ...

Nun haben wir es zu tun mit diesem Kirchentag von heute, der nicht das Werk Reinold von Thaddens ist, der aber ohne dieses Werk Reinold von Thaddens so nicht hätte Gestalt gewinnen können. Ohne diesen Mann, der diese heilige Einseitigkeit für die Sache des Kirchentages hatte. »Wo die Würfel über das Schicksal des Volkes fallen und wir als Handelnde am Webstuhl der Zeit stehen, da hat die Kirche ihre Botschaft auszurichten. Da ist die Sendung der Kirche und nirgends anderswo auf Erden!« Wir sagen heute nicht mehr »Webstuhl der Zeit«, wir sagen wohl nicht mehr »Würfel über das Schicksal des Volkes«. Aber: Das, was er gemeint hat, das hat er übersetzt in den Alltag des Kirchentages. Bitte bedenken Sie: Die Sorgen, die der Rat der EKD hatte, das waren ja konkrete Sorgen, die Lutheraner und die Reformierten würden sich mit den Unierten mischen. Das waren die Sorgen, die sogenannten Laien könnten den Berufschristen ins Gehege kommen. In einer solchen Situation sich nicht als Theologe zu verkleiden, nicht noch einen zweiten Bildungsweg nachzuschieben, sondern als Nichttheologe zu sagen: Dies ist unsere kirchliche Bewegung – und dann die anderen einzuladen, mitzutun, das war ein mutiger Schritt.

Die Dinge haben sich weiterentwickelt. Heute sprechen wir vom emanzipatorischen und partizipatorischen Charakter des Kirchentages. Wir denken an die Foren und an den Markt der Möglichkeiten, auch an manches Unmögliche wird man erinnert. Die Diskussion von damals über das Verhältnis von Nichttheologen und Theologen hat sich völlig verändert. Zum Glück auch ein Stück weit in der katholischen Kirche, wobei man da gelegentlich den Eindruck hat, es gehe wieder ein bisschen zurück. Darauf hat Emilio Castro, der Generalsekretär des Weltrates der Kirchen, deutlich hingewiesen. Es hat Entwicklungen gegeben, die ich hier nicht zu schildern brauche, auch Tiefpunkte. Ich denke zum Beispiel an den Tiefpunkt 1973 in Düsseldorf mit siebeneinhalbtausend Dauerteilnehmern. Es ist eine schwierige Sache, so auf die Zahlen zu sehen. Fulda muss natürlich mit Zahlen rechnen, denn es werden Quartiere, Betten, Portionen gebraucht. Andererseits ist im Alten Bund die Volkszählung mit der Pest bedroht, wenn sie zum eigenen Ruhm geschieht.

Deshalb geht es nicht um die Frage, welche Zahlen wir aufbringen. Es geht auch nicht allein um die Frage, wie das Verhältnis von Jüngeren und Älteren beim Kirchentag ist – da kann man ja mutlos werden, wenn man, wie ich, inzwischen die Seniorenkarte hat –, sondern es geht um die Frage: Kommt in diesem Kirchentag das zustande, was Reinold von Thadden gesagt hat? Bringen wir diese Botschaft von der Erneuerung der Welt durch die Erneuerung der Kirche an den Mann und an die Frau? Welche Funktion hat da der Kirchentag als Gemeinschaft aller Christen, die er ja inzwischen ist? Auch wer sich die Konfessionsstatistiken ansieht, wird zu dem Ergebnis kommen: Das ist ein evangelischer Kirchentag, aber es ist die Gemeinschaft aller Christen.

Nun könnte man und müsste man über das Wesen des Protestantismus sprechen, über das, was Hans Hermann Walz über Pluralismus in Abgrenzung zur Pluralität dargestellt hat und worüber wir früher oft und gern und leidenschaftlich diskutiert haben. Wir müssen über die Frage sprechen: Wie gewinnt man noch mehr Offenheit, und wie bannt man die Gefahr der Beliebigkeit? Wie verhalten sich Offenheit und Beliebigkeit zueinander? Immer wieder stellen sich dem Einzelnen und der Gesellschaft die Fragen nach Toleranz und persönlichem Glauben. Wir werden feststellen: Es gibt die gleichen Anforderungen an den Kirchentag und die gleichen Vorwürfe wie in den fünfziger und sechziger Jahren.

Es gibt aber auch neue Herausforderungen durch unsere deutsche Geschichte, durch das, was mit dem Stichwort Ausländer und Flüchtlinge angesprochen worden ist. Es geht um Demokratie und Rechtsstaatlichkeit, um die Fragen nach Artikel 23 und 146. Diese Fragen mögen politisch erledigt sein, aber für die Verfassungsgeschichte unseres Volkes sind sie es nicht. Es geht um die Frage, was denn die Neuentdeckung des Lebens – des Lebens als des höchsten der Güter – nun bedeutet für das wachsende Leben, für das älter werdende Leben. Wie gelingt es, zu einer Gemeinschaft der Generationen zu kommen? Was heißt also »erneuerte Kirche in erneuerter Gesellschaft« heute? Wenn das das Thema auch nach vier Jahrzehnten Kirchentag bleibt, dann ist zu fragen: Welche Formen und welchen Grad von Erneuerung braucht denn der Kirchentag, wenn es um Erneuerung der Kirche zur Erneuerung der Welt geht?

Reinold von Thadden ist erkennbar profiliert bei dem geblieben, was ihn selber auf den Weg gebracht hat. Für ihn gilt: »Weil du von

Kind auf die Heilige Schrift weißt, kann sie dich unterweisen zur Seligkeit«. Wenn man wie er bei den eigenen Wurzeln bleibt, muss man fragen: Wo sind für uns die Erkennungszeichen für das, was wir zu tun haben, was uns abverlangt wird, wenn wir gelingendes Leben möglich machen wollen, und zwar für die, die uns anvertraut sind, und für uns selber.

Wir werden das nicht tun dürfen in der Vermischung von geistlichem und weltlichem Amt. »Rein menschlich fühle ich mich am wohlsten, wenn ich eine weltliche Sache zu tun habe und in dieser Aufgabe Möglichkeiten christlich verstandener Verantwortlichkeit erblicke«, schreibt Reinold von Thadden. Er schreibt das, als er die Jahre in Genf ist und als Martin Niemöller seinen Aufenthalt dort gar nicht gut findet. Martin Niemöller möchte lieber Ökumeniker in Deutschland als einen Deutschen in der Ökumene, so sagte er einmal.

Von Genf führte ihn der Weg nach Schwäbisch Gmünd, wo einmal die Kirchenkanzlei gesessen hat, bevor sie nach Hannover umzog. Reinold von Thadden ist als einer der Sachkundigen dabei. Ich käme ins Erzählen von denen, die bei ihm waren, denn das sind ganz viele: Männer und Frauen, Junge und Alte, solche, die vorangegangen sind und solche, die noch gar nicht wissen, dass sie mit zu denen gehören, von deren Leben und Handeln es abhängt, ob diese Welt ein Stück Erneuerung erfährt und ob diese Kirche den Ruf der Erneuerung hört – oder ob sie ihn abgibt an die, die dafür besoldet werden.

Das war seine Sache nicht. Er wollte nicht, dass wir in den Laufbahnen laufen – die laufen alle –, sondern dass wir das Kleinod zu erringen versuchen, damit wir von denen rühmend sprechen können, die, wie Reinold von Thadden, durch die Glaubwürdigkeit ihres Lebens mitgeholfen haben, dass etwas von dem deutlich wird, was gemeint ist in dem Bibelwort: »Die durch das Jammertal gehen und bauen daselbst Brunnen«.

Ewald Rau

1898–1953

Was man als Politiker über sich selber in den Gazetten lesen kann, ist farbig und unterschiedlich. Wer schreibt, zu welchem Zeitpunkt wird geschrieben, hat man gerade eine Glücks- oder eine Pechsträhne? Aber ein paar Formulierungen tauchen immer wieder auf, von rechts, von links, vom Boulevard wie in den Blättern, die sich als Wochenzeitungen nach dem Sonntag nennen. »Der bibelfeste Junggeselle«, »der gelernte Buchhändler«, der »bergische Pastorensohn«. Das erste Klischee könnte man selber ändern, das zweite ist schwer zu korrigieren, das dritte hält sich.

Irgendwann gibt man den Kampf gegen die Klischees auf. Was soll's denn auch, wenn es doch mehr um das geht, was man tut und plant und leistet oder verschuldet, als um ein paar kleine biographische Einzelheiten! Aber wenn dann ein Brief mit der Einladung kommt, man möge – ich möge – an einem Sammelband unter dem Titel »Pfarrerskinder« mitwirken, weil sich das Klischee offenbar selbstständig gemacht hat, dann reizt das zum Erzählen. Nicht wegen der Soziologie des deutschen Pfarrhauses, zu der man nach den Arbeiten von Matthes nichts Zusätzliches beitragen könnte, sondern weil man vom eigenen Vater berichten kann. Von einem Mann, der seinen Sohn »bloß« als Sohn erlebt und gesehen hat und nicht als Abgeordneten, nicht als Minister, nicht als Oberbürgermeister und nicht als Regierungschef, obwohl der Sohn doch ohne dessen prägende Kraft das alles nie erlebt hätte.

So tippe ich nun nächstens in die Schreibmaschine ein bisschen von dem, was ich so gern viel ausführlicher, viel farbiger und viel eindringlicher erzählen möchte, als eine Nacht an der Schreibmaschine das möglich macht. Es ist die Nacht nach dem Totensonntag. Ich bin nicht auf dem Friedhof der Gemarker Gemeinde gewesen, auf dem mein Vater begraben ist. Ich stehe nicht gern vor seinem Grab, weil ich dann denke, ich müsse jetzt Bedeutendes oder Bewegendes spüren, das ich doch nicht empfinde. Aber ich habe jenen Tag minutiös in Erinnerung, an dem wir ihn begraben haben. »Wir wissen aber, dass, so unser irdischer Leib dieser Hütte zerbrochen wird, wir einen Tempel haben, von Gott erbaut, der ewig ist, im Himmel.« Das war der Predigttext vor nahezu dreißig Jahren. Zerbrochen. Das defekte Türschloss eines Autobusses war die »Todesursache«.

Jetzt rede ich von seinem Sterben, statt von seinem Leben zu erzählen. Auf dem Grabstein steht etwas von seinem Leben, etwas, was im Originaltext eine Magd von einem Jünger sagt und was durchaus als Denunziation und nicht als Führungszeugnis gemeint war: »Dieser war auch mit dem Jesus von Nazareth.«

»Wenn wir uns sehen, wollen wir uns der Gemeinschaft solcher Väter freuen«, stand damals in einem »Beileidsbrief«, den Karl Immer mir schrieb, ein Duisburger Pfarrer aus Barmen-Gemarke, den ich später viele Jahre als rheinischen Präses und als Partner von Staat und Kirche erlebt habe. Unser Pfarrhaus war nämlich das im Klingelholl in Barmen, wo ein anderer Karl Immer, der Vater des Präses, seinen Dienst tat. Als er starb, war ich dreizehn Jahre alt. Seine drei Söhne waren meine bewunderten älteren Freunde, er selber mein zweiter Vater. Was Karl Immer, der Vater, der aus dem ostfriesischen Rysum stammende Gemarker Prediger, für die Bekennende Kirche bedeutet hat, wird gewiss irgendeines Tages aufgeschrieben. Barmen 1934 hätte es nach menschlichem Ermessen ohne ihn nicht gegeben, die Worte der Synoden und die »Barmer Erklärung« wären ohne ihn nicht in alle Welt gegangen. Ich kann sein Leiden nicht nachempfinden, den Schmerz angesichts des an die Hausfront gespritzten »Hier wohnt der Volksfeind Immer« nur erahnen. In seinem Studierzimmer hing nämlich unter dem Foto von Karl Barth und dem der heimischen Kirche das Eiserne Kreuz aus dem Ersten Weltkrieg. Hier war ein ehemals gewiss deutschnationaler Pastor zum Bekenner des biblischen Wortes gegen alle falsche Obrigkeit geworden.

Wir wohnten nicht in einem Pfarrhaus, ich bin nämlich kein Pastorensohn. Mein Vater hatte nach der Volksschule den Beruf des Kaufmanns gelernt, sich in den mittelständischen Unternehmen der grafischen und der Textilindustrie umgesehen, mit Ehrgeiz und mit Erfolg, aber ohne himmelstürmende Gedanken und Pläne. Meine

Großeltern, ein Polizeiwachtmeister und seine Frau, werden mächtig stolz gewesen sein auf den aufgeweckten und begabten Sohn, der seinen Weg zu machen schien und der schon als Fünfundzwanzigjähriger den Mut hatte, ein kleines Textileinzelhandelsunternehmen zu gründen und eine Familie dazu. Seine Braut, aus einer durchaus angesehenen oberbergischen Familie stammend, kam aus frommem Elternhaus. CVJM. EC. Sie wusste nicht, auf was und auf wen sie sich einließ. Vom frommen Elternhaus war bei meinem Vater keine Rede. Ein preußischer Polizist hält nichts von den »Fienen«, den frommen Feinen, über die sich Friedrich Engels schon geärgert hatte.

Ich weiß nicht, durch wen und warum mein Vater das geworden ist, was er einen »bewussten Christen« nannte. Er verstand sich so, bevor er meine Mutter kennen lernte. Da müssen Menschen an seinem Weg gewesen sein, deren Leuchtkraft ihn bewegt und mitgenommen hatte. Prominent werden sie nicht gewesen sein, sonst hätte er uns ihre Namen gesagt. Fromme, engstirnige, lustlose und »enge« Typen können sie nicht gewesen sein, sonst wäre er ihnen verärgert aus dem Weg gegangen. Statt dessen ging er wohl mit ihnen, wenn er seine Ladentüre zugeschlossen hatte, und hielt »Stunde«, wie das bei uns im Bergischen heißt. Er »hatte Gemeinschaft«, wie man das bei uns nennt – und bei den Schwaben und bei denen in Minden-Ravensberg und im Siegerland, wo die »Erweckungsbewegung« Menschen bewegt und verändert hatte.

Als mein Vater siebenundzwanzig war, ließen sich Beruf und Geschäft nicht mehr vereinbaren. Beruf – das war und das wurde das Predigen mit Vollmacht und ohne Diplom. Ob es das heute nicht mehr gibt oder nur in Kreisen, die mir verschlossen sind, weil sie das Gesetz für Evangelium halten? »Deutscher Hauptverein des Blauen Kreuzes« hieß der Arbeitgeber meines Vaters zwanzig Jahre lang. Mit der Bekennenden Kirche hatte dieser mittelständische Konzern des Pietismus nicht viel im Sinn, die war ihm zu politisch (und auch mein Vater hat spät gemerkt, dass die politische Abstinenz viel gefährlicher war als das Einstehen und das Durchstehen des Evangeliums gegen seine germanischen Missbräuche). Er reiste, hatte seine Sprengel und seine Schutzbefohlenen, war wochenlang unterwegs und ganz zu Hause, wenn er nach drei Wochen eine oder nach vieren zwei zu Hause war.

Wir durften nicht stören, wenn er »sich vorbereitete«, aber ich jedenfalls stöberte in seinen Büchern, wenn er irgendwo in Sachsen oder in Ostpreußen »evangelisierte« und bloß väterlich-mahnende Postkarten schrieb.

Habe ich jetzt erzählt, was und wer er war? Ich konnte es jedenfalls einer ganz gebildeten und wohlwollenden Journalistin nicht erklären, in deren Feder mein Vater zum »Wanderprediger einer Sekte« wurde, weil sie bloß zwischen Kirche und Nichtkirche glaubte unterscheiden zu können. Bei uns ist das komplizierter und viel reicher. Die »Losungen« der Herrnhuter und der »Neukirchener« (mit den früher jedenfalls entsetzlichen Rückseiten) waren keine Fesseln.

Die Jahre nach dem Krieg waren die Jahre eines »freien Evangelisten«, in denen wir Kinder unseren Vater öfter hören konnten. Wer seine Vorbilder waren, weiß ich nicht: vielleicht Spurgeon, vielleicht Moody, vielleicht Daniel Schäfer? Nach der Melodie »Die Predigt habe ich fertig, mir fehlt nur noch der Text« ging es da nicht (und bei wie vielen Studierten geht's heute noch danach!). Er konnte sich quälen, weil sich eine Bibelstelle nicht erschloss und weil er doch heraushören wollte, was in ihr an Befreiung lag. Darum hat ihn der (bergische, schwäbische, englische) Pietismus nie versuchen und nie sauertöpfisch machen können. Christen, denen das Lachen vergangen war, fand mein Vater zum Weinen, auch wenn sie ihre Erweckungs- und Bekehrungsstunde kannten und notiert hatten.

Bei uns zu Hause war Ökumene regional, als der Weltkirchenrat noch nicht in den Schlagzeilen stand und als Kirchen und Freikirchen sich noch misstrauisch vor Tribunale zogen. Wir sangen die »Reichslieder« und die reformierten Psalmen, und im geselligen Kreis war unbedeutend, ob jemand Baptist oder Lutheraner war. Ob er Hoffnung für diese Welt habe, danach konnte mein Vater seinen Gesprächspartner hartnäckig fragen. Da drohte keiner mit dem Weltgericht. Aber ob der Tag kommen würde, an dem »alle Knie sich beugen und alle Zungen bekennen werden, dass er der Herr sei«, das war schon wichtig. Wenn man das »Allversöhnung« nannte, scherte ihn das nicht. Kirchlichen und außerkirchlichen Sonderbewegungen stand er mit neugierigem Interesse gegenüber, aber wenn irgendwo nach seiner Einsicht nicht das Brot des Lebens, sondern bloß die Torte des theologischen Eigensinns, nicht das Salz der Erde, sondern bloß der Zuckerguss der christlichen Welt angeboten wurde, dann wandte er sich schnell desinteressiert ab.

Für uns, die fünf Kinder, war des Vaters Bücherschrank eine unterschiedlich stark frequentierte Fundgrube. Vielleicht gehörte die bunte Vielfalt dessen, mit dem er sich umgab, zum notwendigen Arsenal eines Autodidakten, der kein Dilettant bleiben wollte. Dass einer der Brüder, 1929 geboren, Traugott genannt wurde, muss wohl mit der damals viele faszinierenden Biographie des baltischen Pfarrers Traugott Hahn zu tun gehabt haben. Der Bruder hat den Namen in der Schule eher erlitten als getragen, aber das ging vielen Pfarrerskindern in jenen Jahren ganz genauso. Ich bin manchen dieses Vornamens begegnet, sie waren alle Pfarrerssöhne aus den gleichen Jahrgängen ...

Viel faszinierender als die Bücher – Historisches, Musikgeschichtliches, »Schöngeistiges« – waren die Leute, die kamen. Leute kamen eigentlich immer. Da waren nicht nur die Kollegen mit unterschiedlichen akademischen Weihen oder ganz ohne sie, nicht nur die sprichwörtlich gut betuchten Barmer oder Elberfelder Fabrikanten und Kaufleute, sondern eben auch die »verkrachten« Existenzen, die »geretteten Trinker«, die von der Bahnhofsmission Mitgebrachten ohne festen Wohnsitz, denen wir Jungen einmal für eine Nacht zu weichen hatten oder die mit bei Tisch saßen. Das war interessanter als kulinarische Küche, die wir uns nicht leisten konnten. Jedenfalls haben wir gelernt, dass die Kirche Jesu Christi nicht irgendein mittelständisch-religiöses Unternehmen ist, sondern dass die »Mühseligen und Beladenen« dazugehören und dass die, denen Jesus sich zuwendet, nicht nur so aussehen, wie Schnorr von Carolsfeld sie gemalt hat. Toulouse-Lautrec hat einen schärferen und einen liebenderen Blick gehabt als mancher Bibelillustrator.

Die Kinder schwärmten allmählich aus. Dass einem, mir, das Klischee von der Bibelfestigkeit anhing, war von daheim bestimmt. Für uns gehörte das, was heute wie ein altmodisches Ritual zu wirken scheint, zum Lauf des Tages wie Waschen und Essen, wie Spielen und Schlafen: dass man den Tag am Morgen unter »die Losungen« (der Herrnhuter) stellte, dass »Tischgebet und Schriftauslegung« zur Mahlzeit gehörten wie Messer und Gabel und dass man manchmal sehnsüchtig schielte, wie lang die Auslegung wohl heute sei und was dem Autor an scheinbar Belanglosem wohl einfiel. Für Kinder war das in den wenigsten Fällen geschrieben, was da zu hören war.

Verzerrungen gab es auch: Nirgendwo wird so stark wie in unseren Breiten die Frage nach dem Christsein so sehr auf das reduziert, was der Christ dürfe, statt auf das, was er sei und was man ihm abspüre. Ob der Christ rauchen, trinken, ins Kino oder (wie mein Vater mit Vorliebe) ins Kabarett gehen könne, das hat manchen Abend die Gemüter stärker erregt als der Vorwurf Nietzsches, die Christen sähen zu wenig erlöst aus, als dass er an ihren Erlöser glauben könne. Da war viel Zeitgeist im Geist der Zeit.

Aber Freiheit haben wir nicht bloß als Thema des Galaterbriefes kennen gelernt, sondern als Kinder erfahren. Die sprichwörtliche Enge der Frommen kenne ich nur als Sprichwort: »Bringt heute mit, wen ihr lieb habt«, konnte es am Sonntagmorgen heißen. Dann waren am Nachmittag die Schulfreunde und die Nachbarskinder und die Jugendlichen (Beständigkeit im Wandel) dabei, und Langeweile schien ein Fremdwort zu sein.

»Ich habe Ihren Vater noch erlebt, ich habe Ihren Vater hier in der Kirche gehört« – noch heute begegnen mir, wenn ich durch unser Land fahre, Menschen, die mich auf ihn anreden. Manche wissen noch die Texte, zu denen er sprach. Da wird dann bildhaft, was die Ströme lebendigen Wassers sind, die von dessen Leibe fließen sollen, der an ihn glaubt. Ich fand das Bild immer falsch und lustig, aber heute verstehe ich es ein wenig. Und ich denke daran, dass mein Vater immer auf den scheinbaren Widerspruch hinwies, wenn in einem Psalm der Sänger von dem neuen Lied erzählt, das auf seine Lippen gegeben sei, und dann vermutet: »Das werden viele sehen und den Herren preisen.« Sehen solle man das neue Lied, nicht bloß hören, sagte er, auf unser Tun komme es mehr an als auf unser Reden. Das lernt man nie zu Ende, auch dann nicht, wenn man selber so alt ist, wie der Vater wurde.

Pfarrer war er nicht, Wanderprediger nicht. Ein Prediger unterwegs.

Gustav Heinemann

1899–1976

Wir Deutsche feiern 1999 das fünfzigjährige Bestehen der Bundesrepublik Deutschland. Das ist ein guter Grund innezuhalten, dankbar zurückzublicken und besonders auch an diejenigen zu erinnern, die damals, nach dem Krieg, entscheidend dazu beigetragen haben, unser Land in eine bessere Zukunft zu führen. Einer von ihnen ist Gustav Heinemann, der vor hundert Jahren geboren wurde.

Wenn man Gustav Heinemann noch danach fragen könnte, welches geschichtliche Ereignis er im Gedenkjahr 1999 für bemerkenswert hielte, hätte er die Gründung der Bundesrepublik Deutschland wohl erst an dritter Stelle genannt. Ihm selber war zeitlebens die Erinnerung an ein anderes Datum besonders wichtig: die Erinnerung an die badische Revolution, an die badische Freiheitsbewegung von 1849. Sie liegt genau hundert Jahre vor der Gründung der Bundesrepublik. Damals gab es in Rastatt die Mairevolution, an der sich auch einer der Urgroßväter Heinemanns mit seinen beiden Brüdern beteiligte. Nach ihrem Scheitern musste einer von ihnen über Frankreich in die USA fliehen, der zweite starb verwundet in den Rastatter Kasematten, nur Heinemanns Urgroßvater kam nach Barmen zurück, wo er Mitglied der Deutschen Fortschrittspartei wurde, die für die parlamentarische Demokratie eintrat.

Noch der letzte Brief, den Gustav Heinemann an seinem Todestag diktiert, aber nicht mehr unterschrieben hat, enthielt die Bitte an den damaligen Bundesverteidigungsminister Georg Leber, die Rastatter Erinnerungsstätte für die Freiheitsbewegungen in der deutschen Geschichte zu erweitern. Für ihn stand die Überlegung dahinter, dass wir Deutsche noch stärker als andere Völker die Eigenart, ja die Abart haben, unsere Geschichte in Kriegsdaten und nicht in Kulturdaten zu messen. »70/71«, »14/18«, »39/45« – mit diesen Zahlen verbinden auch heute mehr Menschen etwas als mit den Zahlen 1517, 1848 oder 1949. Gustav Heinemann hat einmal gesagt: »Nicht der Krieg ist der

Ernstfall, sondern der Friede!« Diesen Satz verstand er als Richtschnur.

1999 gibt es aber noch ein anderes, viel jüngeres Jubiläum, das mit dem politischen Denken und Handeln Gustav Heinemanns in den ersten drei Jahrzehnten der Bundesrepublik Deutschland eng verbunden ist. 1999 gedenken wir Deutsche auch der zehnjährigen Wiederkehr des Mauerfalls. Vierzig Jahre war Deutschland geteilt, vier Jahrzehnte lang gab es zwei deutsche Teilstaaten, gab es die innerdeutsche Grenze, hatten die Deutschen verschiedene Pässe und nur beschränkte, stark eingeschränkte Möglichkeiten, einander zu begegnen. Aber seit zehn Jahren gibt es die innerdeutsche Grenze nicht mehr. Im Herbst 1989, bald am Ende unseres schicksalsträchtigen Jahrhunderts, ist uns Deutschen Geschichte auch einmal geglückt. Ich glaube, dass die alte Bundesrepublik vor allem auch durch den Willen und den Mut der Menschen in der DDR jung gehalten worden ist. Das war nicht vor fünfzig Jahren, das ist nicht graue Vorzeit, sondern jetzt zehn Jahre her. Gustav Heinemann hätte diese Wende in der deutschen Geschichte, diese friedliche Revolution, die nicht mit Kanonen und Gewehren, sondern mit Kerzen und Gebeten errungen wurde, mit besonderer Dankbarkeit und Herzensfreude erfüllt.

Gustav Walter Heinemann wurde am 23. Juli 1899 im westfälischen Schwelm geboren und wuchs in Essen auf. Dort starb er auch 1976. Sein Vater war leitender Angestellter bei der Firma Krupp. Heinemanns Jugendzeit verlief unbeschwert. Er besuchte die Volksschule und das Realgymnasium, das er kriegsbedingt im Juni 1917 mit dem Notabitur verließ. Es folgte die Ausbildung zum Rekruten bei der Feldartillerie. Ein Fronteinsatz aber blieb ihm erspart. Nach Kriegsende begann Gustav Heinemann das Studium der Nationalökonomie, der Rechtswissenschaft und der Geschichte, zuerst in Münster und zum Sommersemester 1919 in Marburg.

Als im März 1920 der Kapp-Putsch die junge und ungeliebte Republik erschütterte, unterbrach er sofort das Studium, um sich rekrutieren zu lassen. Das war durchaus nicht ungewöhnlich, und das taten viele, unter ihnen etwa ein Münsteraner Theologiestudent namens Martin Niemöller, der sich dem Militär zur Verfügung stellte und gegen Arbeiter im Ruhrgebiet zu Felde zog. Das Besondere bei Gustav Heinemann indes war, dass er sich bei einer Volkskompanie von Arbeitern und Stu denten meldete, die die demokratische Republik gegen ihre Feinde zu schützen versuchte. »Das neue Deutschland hat ein schreckliches Jahr hinter sich ...«, schrieb er am Silvestertag 1919 in sein Tagebuch und weiter: »Wir müssen die Demokratie und die Republik aufnehmen in unser Fühlen und Denken; wir müssen Demokraten und Republikaner sein, oder wir werden nicht mehr sein!«

Wir wissen, wie es weiterging, wie die Republik unterging, wie die Nationalsozialisten 1933 die politische Macht, die ihnen übergeben wurde, an sich rissen und sie missbrauchten. In dieser Zeit lernten sich Gustav Heinemann und Martin Niemöller kennen. Jetzt kämpften sie nicht mehr auf verschiedenen Seiten, sondern gemeinsam gegen die Angriffe und Übergriffe der Nationalsozialisten auf die Kirche, der eine als Rechtsanwalt, der andere als Pastor.

Der Weg Heinemanns zur Kirche verlief aber anders als der des Pfarrerssohns Niemöller. Sein Vater stand dem freireligiösen Denken nahe. Er gehörte dem Monistenbund an. In Heinemanns Kinderstube gab es keine Gebete und Choräle. In seinem studentischen Tagebuch liest man, wie sehr er die evangelische Kirche in den zwanziger Jahren in einer antidemokratischen und obrigkeitshörigen Tradition verhaftet sah.

Dann kam das Jahr 1926. In diesem Jahr heiratete Gustav Heinemann Hilda Ordemann, eine Bremer Kaufmannstocher, deren Mutter aus einer Schweizer Pfarrersfamilie stammte. Sie war Theologin und Philologin. Und die Eheleute hatten sich miteinander darüber verständigt, dass sie ihr Leben als Christin verstand und er das seine lebte. Aber dann gab es doch einen Umbruch, über den wir nur wenig wissen. Gustav Heinemann hat bloß erzählt, dass er seiner Frau zuliebe einen Gottesdienst besuchte und die Predigt eines Mannes hörte, der später in der Bekennenden Kirche einen großen Namen hatte, Friedrich Graeber aus Essen, wo Heinemann seit 1928 als Justitiar und Prokurist der Rheinischen Stahlwerke beschäftigt war.

Von diesem Zeitpunkt an blieb Heinemanns Leben eng mit der Kirche verknüpft. Er wurde Presbyter und Vorsitzender des CVJM in Essen, Mitglied im Bruderrat der Bekennenden Kirche im Rheinland, er nahm im Mai 1934 an der historisch gewordenen Bekenntnissynode von Barmen-Gemarke teil, von der uns die Barmer Erklärung erhalten ist. Als Rechtsanwalt verteidigte er unermüdlich verfolgte Pastoren und Christen, bis es erneut zu einem Bruch in seinem Leben kam.

1938 legte er alle kirchlichen Ämter nieder, weil sich die Bekennende Kirche aus seiner Sicht allzu sehr in bürokratische und konfessionelle Streitigkeiten verstrickt und den Kirchenkampf aus dem Auge verloren hatte. In einer Denkschrift begründete er seine Entscheidung. Darin schrieb er: »Man bildet sich ein, dass man Krieg führe, weil man protestiert, antichambriert, Rechtsansprüche feierlich aufrechterhält, Synoden und Sitzungen abhält und umherreist, und hat in Wahrheit überhaupt noch nicht mobil gemacht. Solange Pfarrer den Kampf mit Reichsnetzkarten oder noch so guten bekenntnismäßigen oder kirchenrechtlichen Gedanken führen, ohne Mann für Mann eine unabhängige Gemeinde hinter sich zu haben, sind sie für den Gegner wahrhaft harmlos.«

Die Sprache Heinemanns hat Bilder und Worte aus dem militärischen Bereich aufgenommen. Sie ist zeitbedingt. Der Sache nach scheint mir seine Kritik aber vielfach auch für unsere Zeit zutreffend zu sein: Wie viele Kirchentage und Synoden heute, wie viele kirchliche Solidaritätsveranstaltungen und Kundgebungen in unserer Zeit, so gut sie gemeint sein mögen, sind vielleicht schallender Protest, nicht aber Zeugnisse der Leuchtkraft protestantischen Denkens? Gustav Heinemann blieb auch ohne Ämter bis 1945 Mitglied der Bekennenden Kirche.

Nach dem Krieg wurde Gustav Heinemann Mitglied des Rates der Evangelischen Kirche in Deutschland, später dann Präses der Synode. Nach der Barmer Synode von 1934 ist er ein weiteres Mal beteiligt an einem Wort der Kirche, das große Bedeutung und heftige, ja scharfe Diskussionen ausgelöst hat. Er ist Mitunterzeichner des Stuttgarter Schuldbekenntnisses von 1945, jenes wichtigen und mutigen Wortes, mit dem die Evangelische Kirche stellvertretend bekannte: »Durch uns ist unendliches Leid über viele Völker und Länder gebracht worden.« Obwohl dieses Wort schon im zweiten Satz vom Kampf der Kirche gegen den Nationalsozialismus spricht, obwohl es gar nicht Stellung nimmt zum Holocaust, zur Vernichtung der Juden, kritisierten es viele in Politik, Kirche und Gesellschaft als zu einseitig. Ob das auch mit der Angst vor der Schmach eines zweiten Versailles zu tun hatte?

Gustav Heinemann war aber auch im politischen Bereich unermüdlich tätig. Er war ein Mann der ersten Stunde. In Essen gründete er 1945 die CDU mit, die sich damals das »Ahlener Programm« gab: ein Programm, in dem sie ihr grundsätzliches Ja zum Sozialismus als christlich geboten begründete. Neben Hermann Ehlers war er der prominenteste Protestant dieser Partei. So wurden ihm schnell wichtige Ämter angetragen. Er wurde Oberbürgermeister von Essen, Justizminister von Nordrhein-Westfalen und 1949 Bundesinnenminister im Kabinett Adenauer. Das ist jetzt fünfzig Jahre her und war in dem Jahr, in dem ihn die gesamtdeutsche Synode zum ersten Mal als ihren Präses bestätigte.

Nach nur einem Jahr, im Spätsommer 1950, kam es zum Bruch mit dem Bundeskanzler, als Konrad Adenauer in der amerikanischen Presse einen Wehrbeitrag der Bundesrepublik Deutschland im westlichen Verteidigungsbündnis ankündigte. Heinemann trat von seinem Amt zurück, nicht deshalb, weil er sich als der zuständige Minister übergangen fühlte, sondern weil er als Folge dieser Entscheidung eine Zementierung der Teilung Deutschlands befürchtete. Er begründete seinen Rücktritt in einer ausführlichen Darlegung. Ein Teil seiner Freunde bemühte sich, diesen Text in den Tageszeitungen zu veröffentlichen. Aber sie hatten keinen Erfolg. Außer der Stuttgarter Zeitung und den Lüdenscheider Nachrichten fand sich keine Zeitung, die bereit war, den Text zu drucken. Das war im Herbst 1950.

Im darauf folgenden Jahr gründete Gustav Heinemann mit denen, die seine Position teilten, die »Notgemeinschaft für den Frieden Europas«. Er fuhr zu Vorträgen in die DDR und warb auch dort für eine Politik des Dialogs, für ein Ende der Politik der Blöcke und Blockaden. Aber die »Notgemeinschaft« kam lediglich zu einer begrenzten öffentlichen Wirkung. Es wurde deutlich: Ohne das Mittel einer politischen Partei war der Widerstand gegen die Politik der Teilung Deutschlands und der Wiederbewaffnung nicht zu organisieren. Heinemann verließ die CDU und gründete mit den Weggefährten am 30. November 1952 die »Gesamtdeutsche Volkspartei« (GVP), eine Partei, die die friedliche Wiedervereinigung Deutschlands als ihr oberstes Ziel ansah. Zum Präsidium gehörten neben ihm und Helene Wessel, die damals Vorsitzende der Deutschen Zentrumspartei war, Robert Scholl, der Vater der

Geschwister Scholl, Adolf Scheu, Industrieberater aus Wuppertal, und Diether Posser, damals Sozius in der Kanzlei Heinemanns und später lange Jahre Minister in Nordrhein-Westfalen.

Im Manifest der Partei von 1954 finden sich Sätze, die man auch heute versteht, die sich wie ein kritischer Kommentar zu der Situation lesen, in der wir uns befinden, die einen ins Nachdenken bringen und die es endlich einzulösen gilt. Da heißt es etwa: »Der äußere Aufschwung kann nicht darüber hinwegtäuschen, dass die sozialen Spannungen größer sind als zuvor. Man kennt untereinander keine Solidarität, verkoppelt Gruppeninteressen mit Weltanschauungen, missbraucht das Christentum zu politischen Zwecken. Wertvolle Kräfte der jungen Generation liegen brach.«

Als Partei scheiterte die GVP. Bei den Bundestagswahlen im September 1953 kam sie auf 1,2 Prozent der Stimmen; lediglich im Siegerland, in Heinemanns Wahlkreis, erreichte sie etwas mehr als acht Prozent. 1957 haben wir die Gesamtdeutsche Volkspartei aufgelöst, und viele ihrer Mitglieder traten der SPD bei. Auch der kurze Weg dieser Partei gehört zur Geschichte der Bundesrepublik.

Gustav Heinemanns, aber auch Martin Niemöllers und Helmut Gollwitzers Engagement gegen die Wiederbewaffnung wird häufig mit grundsätzlich pazifistischen Beweggründen erklärt. Das ist ein Irrtum. Gustav Heinemann hat die Bundeswehr häufiger besucht als jeder Bundespräsident vor ihm. Es war die Sorge um die Einheit Deutschlands, die Solidarität mit dem protestantischen Ostdeutschland, es war die Weigerung, sich in eine Situation bringen zu lassen, in der der Fall eintreten konnte, dass Deutsche auf Deutsche schießen, die ihn in der konkreten Situation der fünfziger Jahre zum Gegner der Wiederbewaffnung machten. Allerdings waren und blieben Heinemann und seine Weggefährten zeitlebens prinzipielle und entschiedene Gegner einer atomaren Wiederaufrüstung.

Der Entschluss Heinemanns, aus der Regierung in die politische Opposition zu gehen, hatte eine Entscheidung im kirchlichen Bereich zur Folge, die ihn persönlich sehr getroffen hat. 1955 entzog die Synode der Evangelischen Kirche in Deutschland Gustav Heinemann das Vertrauen. Er, der 1949 Stellvertretender Vorsitzender der CDU gewesen und nahezu einmütig zum Präses der EKD-Synode gewählt worden war, wurde jetzt mit der Begründung abgewählt, man könne sich keinen Parteipolitiker als Präses leisten.

Diese Begründung traf Heinemann, und sie verletzte vor allem sein Verständnis von der Notwendigkeit der Pluralität in der Demokratie. Unvergessen sind die Worte, die er nach seiner Abwahl vor der Synode sagte: »Die erste Synode besetzte dieses Amt 1949 wissentlich mit einem Mann, der zugleich in der Parteipolitik stand, und sie ließ es unbeanstandet, ja sie begrüßte es in der Fülle ihrer Mitglieder, dass sich mit diesem kirchlichen Amt alsbald darauf ein regierendes Amt im politischen Feld verband. Darf nun solche Verkoppelung nicht mehr sein, wenn die politische Betätigung in die Opposition führt? Darf sie nicht mehr sein, so frage ich weiter, wenn sich der politische Wahlerfolg in die Wahlniederlage verwandelt?«

Gustav Heinemann war in seinem Leben in verschiedenen politischen Parteien. Manche haben ihm den Wechsel der Parteien zum Vorwurf gemacht. Ihn ließ diese Kritik kalt. Nach seinem Verständnis waren Parteien keine weltanschaulichen Vereinigungen, sondern ein Mittel, um politische Inhalte durchzusetzen. »Ich mache den Jugendlichen Mut«, hat er einmal formuliert, »indem ich ihnen sage: Habt doch nicht den Ehrgeiz, dass ihr, wenn ihr jetzt als 20jährige in eine Partei eintretet, als 70- oder 80jährige mit derselben Parteifahne beerdigt werden müsst. Das mag sich finden, Schritt für Schritt.«

Er widersprach aber immer wieder denen, die der Meinung waren, Politik sei gut, Parteipolitik schlecht: »Politik ohne Parteien haben wir gerade gehabt«, antwortete er ihnen: »Sie hieß Hitler, ihr Ergebnis liegt noch vor unseren Füßen.«

Die weiteren Stationen im Leben Heinemanns sind schnell erzählt. 1966 wurde er Bundesjustizminister in der Großen Koalition. In diese Zeit fällt eine Justizreform, die bleibende Verbesserungen im Strafrecht brachte. Er schaffte Zuchthaus und Kurzzeitstrafen ab. Er garantierte das Grundrecht der Glaubensfreiheit ausdrücklich auch den Häftlingen, die einer nichtchristlichen Religionsgemeinschaft angehören. Heinemann benannte weitere Bereiche als reformbedürftig, den Umweltschutz und die Bekämpfung der Wirtschaftskriminalität allen voran. Sie sind es heute noch.

Am 5. März 1969 wurde Gustav Heinemann in Berlin zum Bundespräsidenten gewählt. Es lohnt, auch dreißig Jahre später seine Antrittsrede vom 1. Juli 1969 nachzulesen, in der es heißt: »Nicht weniger, sondern mehr Demokratie – das ist die Forderung, das ist das große Ziel, dem wir uns alle und zumal die Jugend zu verschreiben haben. Es gibt schwierige Vaterländer. Eines davon ist Deutschland. Aber es ist unser Vaterland. Hier leben und arbeiten wir. Darum wollen wir unseren Beitrag für die eine Menschheit mit diesem und durch dieses unser Land leisten.« In einer Zeit, in der der Zusammenhang von Leben und Arbeit zu oft außer Kraft gesetzt ist, wirkt es wie ein Fortschritt, solche Worte nachzusprechen.

Mit hohem Ansehen schied er 1974 aus dem Amt. Er ist von vielen gedrängt worden, ein weiteres Mal zur Verfügung zu stehen. Ihnen sagte er, seine Gesundheit vertrage das nicht. Zwei Jahre später, im Juli 1976, starb er. Gustav Heinemann war seit Friedrich Ebert der erste Sozialdemokrat im Präsidentenamt. Ich erinnere mich, dass in Berlin bei seiner Wahl Menschen zugegen waren, die 1925 schon Friedrich Ebert gewählt hatten und nun ihn wählten. Das waren nur noch wenige. Aber der Bogen, den sie umspannten, zeigt etwas von dem Leben eines Menschen, der sich entschieden hatte, Staatsdiener zu sein in einem anderen Sinn, als unser Beamtenrecht es fordert, der Bürgermut hatte und Glaubensfreiheit, der mit Leidenschaft und Augenmaß bei der Sache war in der Kirche und im Staat, der sich bewährt hat in einem Jahrhundert, das bald zu Ende geht und uns doch noch lange zum Nachdenken Anlass geben wird.

Johannes Harder

1903–1987

Dieser Gruß gilt dem Freund Johannes Harder, dem Lehrer, Schriftsteller und nicht zuletzt dem Übersetzer, Interpreten und Deuter russischer Dichtung. Er begann Jugend zu formen, Lehrer auszubilden und wirkte in den verschiedensten Gruppen unserer Gesellschaft zu einer Zeit, als die Menschen in Deutschland nicht nur vor zertrümmerten Städten, sondern auch vor zerbrochenen geistigen und ethischen Werten standen. In jener Zeit – und das lehrte uns Johannes Harder – ging es nicht so sehr darum, neue Werte zu finden und gegen alte auszutauschen und selbst unverändert zu bleiben, sondern darum, einen Weg zum freien und gerechten Reden und Handeln zu suchen, dessen Basis die Freiheit des Einzelnen zu sein hatte. Harder meinte damit die Freiheit zum gemeinsamen Handeln, zum Engagement für die Zukunft aller Menschen. Darin sah er die Chance zur Umkehr von einem Weg, den er frühzeitig als verhängnisvoll erkannt hatte.

Dieser Umkehr hat seine lebenslange Arbeit gegolten. Dass dabei die gleichen Schemata gegen ihn wirksam wurden, mit der die deutsche Nachkriegsgesellschaft auf Unruhefaktoren und Abweichler reagierte, hat ihn nie beirrt. Die Resignation ist ausgeblieben. Und seine Hoffnung hat Gründe: Es sind die Freunde, die kämpfend und fordernd neben ihm gestanden haben und noch stehen. Und: Sein Kampf war stärker und zukunftsweisender als der Widerstand bloßer Reaktion. Das ist seiner Klugheit ebenso zu danken wie seiner Unbestechlichkeit und seiner Fairness, mit der er auch auf Andersdenkende einen starken Eindruck machte.

Johannes Harder hatte seine Kräfte für ein lebenslanges Engagement nicht aus sich selbst. Die Sache Jesu ist für ihn immer gegenwärtig wirksam gewesen, »immer Präsens und auf das Kommende ausgerichtet«, die »durchsetzende Sinngebung der Geschichte der Menschheit«. Dieser Sache sich verpflichten, als Lehrer, Prediger und Schriftsteller, das hat für ihn die politische Dimension selbstverständlich eingeschlossen, im Sinne Christoph Blumhardts.

Johannes Harder grüßen, in Bewunderung und Liebe, das heißt, sich seiner genau erinnern, zum Beispiel seines Wortes, das er schon im Februar 1959 jenen entgegenhielt, die ihm in rechthaberischer Uneinsichtigkeit gegenüberstanden: »Wir sind es, die mit der Zeit gehen! Unsere Ideen sind es!«

Hermann Ehlers

1904–1954

Heute vor zehn Jahren – ich werde den Tag nie vergessen – klingelte kurz nach sechs Uhr morgens das Telefon: »Hast du die Nachrichten gehört? Hermann Ehlers ist heute Nacht plötzlich gestorben.«

Diese Nachricht traf. Vor kurzem hatten wir noch bei einer Sitzung der Schülerbibelkreise zusammengesessen; bald wollten wir uns wieder treffen. Wer war Hermann Ehlers? In unserer Zeit halten sich Namen und Erinnerungen nicht lange.

Sein Name stand in den Jahren bis 1954 oft in der Zeitung. Hermann Ehlers war Oberkirchenrat, Präsident des Deutschen Bundestages, stellvertretender Vorsitzender der CDU, Herausgeber von Zeitschriften. Ein Mann, den alle kannten. Ein Mann, dessen Terminkalender schrecklich voll war, bis durch den ganz plötzlichen Tod alle Termine und Ämter unwichtig wurden. Viele hatten in ihm den zukünftigen Bundeskanzler gesehen. Jetzt war das alles aus.

Dennoch ist der Name Hermann Ehlers für uns alle wichtig. Dieser Mann lebte innerlich davon, dass ihm schon als Jungen im Bibelkreis Gottes Wort und die Gemeinschaft mit anderen Christen das Wichtigste im Leben geworden waren. Das bestimmte sein Denken, Reden und Tun. Er nahm alle seine Aufgaben deshalb als Dienst am Nächsten wahr, weil er glaubte und wusste, dass Gott um des Menschen willen in Jesus ein Mensch geworden war. Er hat sich um das Vaterland verdient gemacht, sagte ein Gegner von ihm an seinem Sarg. Das stimmt. Entscheidend aber bleibt, dass Hermann Ehlers durch den Ruf Gottes ein Zeuge seiner Liebe und Wahrheit wurde. Wenn wir seinen Namen hören, wollen wir daran denken, dass der Sinn unseres Lebens im Dienst Gottes an den Menschen besteht.

Dietrich Bonhoeffer

1906–1945

Es ist jetzt gut ein Jahr her, als ich zum letzten Mal bei einer Namensgebung einer Schule dabei gewesen bin. Das war im März vergangenen Jahres. Da bin ich darum gebeten worden, bei der Namensgebung der jüdischen Grundschule in Düsseldorf ein Grußwort zu sprechen.

Das ist mir schwer gefallen damals: Wenn diese Namensgebung unter anderen Umständen Wirklichkeit geworden wäre! Wenn der Mann, nach dem die Schule benannt worden ist, noch hätte selber dabei sein und sprechen können! Aber er war nicht mehr dabei, weil er tot ist, ermordet wurde. Noch eine kurze Zeit zuvor hat er als Mann des Friedens gewirkt. Wir hätten ihn noch gebraucht für die schwierige Arbeit am Frieden in Israel und Palästina: Yitzak Rabin. Neben dem Schmerz um seinen Tod, neben der Trauer empfinde ich Dankbarkeit, dass es in unserem Land eine Schule gibt, die nach ihm benannt ist. Ich sage das, weil ich glaube, dass man zu leicht vergisst: Lieber hätten wir sie noch bei uns gehabt. Heute Yitzak Rabin und 1945 Dietrich Bonhoeffer. Ich sage das, weil immer auch Schmerz dabei ist, wenn man als jemand, der sich selber an die dunklen Jahre noch gut erinnert, wenn man als jemand, der davongekommen ist damals, der den Bombenhagel überlebt hat, wenn man dann über ein abgebrochenes Leben sprechen soll.

Es ist menschlich, dass wir uns Namen geben, mit denen uns etwas verbindet und die uns an etwas erinnern sollen: Eltern ihren Kindern. Ein Kind seiner Puppe oder dem Stofftier, Jugendliche der Katze, dem Hund oder dem Pferd. So ist es heute. So war es immer. Und so wird es bleiben. Das ist die Regel. Nur Gott – der fällt nicht unter die Regel. Als Mose ihn fragte, wer er sei und wie er heiße, bekam er ja jene großartig-seltsame Antwort: „Ich bin, der ich sein werde."

Für uns Menschen gilt eine andere Regel. Für uns ist der Name ein Stück Stein, ein Stück Seele, wie Thomas Mann das einmal formuliert hat. Und heute geht es um den Namen einer Schule, die nach Dietrich Bonhoeffer benannt worden ist. Damit bin ich beim eigentlichen Thema angekommen – und in ziemlicher Verlegenheit.

Denn über Dietrich Bonhoeffer kann man in sehr verschiedener Weise sprechen. Und ihm sind schon viele Schablonen angeheftet worden.

Die Diskussion um sein Leben und Werk zeigt es ja: Da redet man häufig einseitig von dem Christen Dietrich Bonhoeffer, von dem Verfasser des Gedichtes »Von guten Mächten wunderbar geborgen ...« Und vergisst, dass er dieses Gedicht im Gefängnis geschrieben hat. Aber er saß im Gefängnis, weil er ein sehr politischer Mensch gewesen ist. Man vergisst, dass seine Theologie die Möglichkeit des Tyrannenmordes berücksichtigte, freilich im Bewusstsein von Schuld und als ultima ratio. Man vergisst, dass er davon sprach, »dem Rad in die Speichen zu fallen«. Dass er um »die freie, verantwortliche Tat auch gegen Beruf und Auftrag« wusste. Und man vergisst, dass er im christlich-jüdischen Gespräch in seiner Zeit weiter war, als es viele heute sind.

Auf der anderen Seite zeichnet mancher heute ein Bonhoeffer-Bild, das im politischen Widerstand gegen den Nationalsozialismus den Ziel- und Angelpunkt seines Lebens sieht. Hier wird allzu leicht vergessen – oder soll ich sagen, dass ich bisweilen den Eindruck habe: bewusst unterschlagen – wie demütig-fromm Dietrich Bonhoeffer gewesen ist. Vergessen wir das nicht. Er war – wie Martin Luther – ein großer Beter: »Wir schweigen am frühen Morgen des Tages, weil Gott das erste Wort haben soll, und wir schweigen vor dem Schlafengehen, weil Gott auch das letzte Wort gehört«, hat er einmal gesagt. Wie wohltuend sind diese Worte in unserer lauten und schnelllebigen Zeit, wie wohltuend im Einerlei des Tages. Für Bonhoeffer ist »schweigen« übrigens etwas anderes als »stumm sein«. Er sprach von hörendem, klärendem, ja reinigendem Schweigen. »Eine christliche Gemeinschaft lebt aus der Fürbitte der Glieder füreinander, oder sie geht zugrunde.« Auch um die Wahrheit dieses Satzes wusste er und ich frage mich, ob wir uns diese Wahrheit klar genug machen. Unvergessen bleiben seine Gebete für die Mitgefangenen auf ihrem letzten, schweren Weg. Dietrich Bonhoeffer war auch ein großartiger Prediger. Und die Psalmen nannte er »Das Gebetbuch der Bibel«. Er hat die »Nachfolge« geschrieben. Ja, man kann sehr verschieden von Bonhoeffer reden, man kann ihn vor seinen Karren spannen, für seine Interessen nutzbar machen, je nach dem, welchen Bonhoeffer man haben will, den frommen oder den politischen.

Wenn eine Schule sich seinen Namen gibt, dann ist es gut, um diese Auseinandersetzung zu wissen. Aber dann stellen sich auch andere Perspektiven ein. Dann ist auch die Frage erlaubt: »Wie war denn der Schüler Dietrich Bonhoeffer?« Und man bekäme die Antworten, die uns nachdenklich stimmen und bisweilen auch fremd anmuten. Er war bildungshungrig und wissbegierig, ehrgeizig und fleißig. Er muss also ungefähr genau das Gegenteil von dem gewesen sein, was ich mir unter einem Klassenkameraden vorstelle. Er war ein Musterschüler. Und man fragt sich, ob man ihn gern zum Mitschüler hätte haben wollen. In der Grundschule war er nie gewesen, weil die Mutter die Kinder zu Hause unterrichtete. Und vom Gymnasium berichtet er in einem Brief: »Die Klasse ist eben einfach wahnsinnig schlecht. Sie kann einfach nichts, Geschichte ein bisschen.«

Griechisch, Lateinisch und sogar Hebräisch lernte er in der Schule! In einer Zeit der digitalen Informationen hört sich das fremd an. Aber ich glaube, auf diese alten Sprachen, die keine toten sind, können auch wir nicht verzichten, wenn wir dem Morgen, der Zukunft verpflichtet bleiben wollen. Nun, es braucht nicht mehr zu sein wie bei Dietrich Bonhoeffer, dessen Konfirmationsspruch sogar in griechischer Sprache geschrieben war. Das braucht nicht zu sein. Aber wir dürfen auch nicht tatenlos zusehen, wie diese herrlichen Sprachen zu toten oder fremden Sprachen degenerieren, nur weil uns der direkte Nutzen nicht mehr erkennbar wird. Wer aber weiß, dass die älteste uns bekannte Demokratie in Athen war, dass die Juristen viel aus dem römischen Recht übernommen haben, dass die Theologie in diesen Sprachen denkt und dass die Medizin sich in vielem an sie anlehnt, der wird sich auch heute für eine humanistische Bildung aussprechen, wie sie Dietrich Bonhoeffer genossen hat.

Wer war Dietrich Bonhoeffer? Der Christ, der Widerstandskämpfer, der bildungshungrige Mitschüler, der Klassenprimus ... Gewiss auch. Aber es gibt ja auch noch den Menschen Dietrich Bonhoeffer, den Schachspieler, der sich freute, wenn er gewann, den Freund der Musik, der sich ans Klavier setzte und seiner Begabung Töne verlieh, Melodien, den Mann der Kultur, der das Theater und die Oper liebte, der aus der Einsamkeit des Klosters Ettal, wo er an der »Ethik« arbeitete, in die Stadt, nach München fuhr, um ins Theater zu gehen.

Wir benennen unsere Schulen nicht nach Helden oder Heroen. Dietrich Bonhoeffer war kein Übermensch, unberührbar und unberührt von dem, was um ihn her geschah. Er war ein Mensch mit Gefühlen und Empfindungen, ein Mensch voller Hoffnung und bis zuletzt selbst auf Hoffnung angewiesen. Ein junger Mann, dessen Mut uns um so größer erscheint, weil wir auch um seine Ängste wissen.

Das eindrücklichste Zeugnis dieser Gefühle sind die Briefe und Zettel aus der Haft. »Widerstand und Ergebung« hat Eberhard Bethge, der Freund, sie in Anlehnung an einen Brief genannt und als Buch herausgegeben. Diese Freundesbriefe, diese Zettel sind geschrieben zwischen Hoffnung und Verzweiflung, in Erwartung des Umsturzes und in Resignation über sein Scheitern. Sie sind geschrieben zwischen dem Bibelstudium in der Zelle und langen schlaflosen Nächten voller Angst und Anfechtung. Dieses Buch gehört für mich zu den kostbarsten Zeugnissen. Es ist eines der meistgelesenen Bücher der Welt, in viele Sprachen übersetzt. Und es handelt von den Fragen eines Menschen in schwerer Zeit und von Gott.

In Ohnmacht geschrieben, der Willkür und den Pranken der Mächtigen letztlich hilflos ausgeliefert, hat dieses Buch die engen Gefängnismauern auf wundersame Weise hinter sich gelassen. Es hat seitdem Menschen in der ganzen Welt ermutigt. Bis in andere Gefängnisse hinein, in Diktaturen und Regimes hat es bedrückten Menschen Kraft gegeben: In Südafrika, in China, in Korea, auf den Philippinen hat es Mut gemacht.

Und wenn ich der Jugend heute etwas wünsche, dann das, dass sie diese Briefe liest und analysiert, dass sie sich die Freundschaft zum Vorbild nimmt und dass sie selber Briefe schreibt – auch wenn der Griff zum Telefon in dieser Zeit so einfach scheint.

Und dann gibt es noch andere Briefe von Dietrich Bonhoeffer. Auch sie sind bewegend. Auch sie rühren an. Ich meine die Brautbriefe, die Briefe zwischen Bonhoeffer und Maria von Wedemeyer, der Verlobten. Nicht einmal die scharfe Zensur der Staatspolizei hat es vermocht, ihren Charakter als zarte Liebesbriefe zu zerstören. Es ist eine beeindruckende Dokumentation aus Liebe, Glaube, Hoffnung – an deren Ende, wir wissen es, ein jäher Tod steht.

Der Freund, der Verlobte, der seine Gefühle in der Einsamkeit der Zelle auf Kassiber kritzelt, es fehlt noch der Dichter, der uns kunstvoll teilhaben lässt an seinen Gedanken. »Stationen auf dem Wege zur Freiheit«, »Christen und Heiden«, »Jona«, »Glück und Unglück«, »Wer bin ich?« Und dann das Gedicht »Nächtliche Stimmen«, das uns die Gänsehaut treibt, weil es von der Hinrichtung eines Mitgefangenen erzählt:

»Erstes Morgenlicht schleicht durch mein Fenster bleich und grau,
leichter Wind fährt mir über die Stirn sommerlich lau.
Sommertag, sage ich nur, schöner Sommertag!
Was er mir bringen mag?
Da höre ich draußen hastig verhaltene Schritte gehen,
in meiner Nähe bleiben sie plötzlich stehen.
Mir wird kalt und heiß, ich weiß, o, ich weiß!
Eine leise Stimme verliest etwas schneidend und kalt.
Fasse dich, Bruder, bald hast du's vollbracht – bald, bald.
Mutig und stolzen Schrittes höre ich dich schreiten.
Nicht mehr den Augenblick siehst du, siehst künftige Zeiten.
Ich gehe mit dir, Bruder, an jenen Ort
und ich höre dein letztes Wort:
›Bruder, wenn mir die Sonne verblich,
bete du für mich.‹«

Ich meine, es lohnt, sich mit dem Leben Dietrich Bonhoeffers auseinanderzusetzen. Es lohnt, wenn junge Menschen mit ihren Lehrern über seine Texte ins Gespräch kommen; es lohnt, seine Lieder zu singen und seine Gebete nachzusprechen. Freilich, wir wissen: Unsere Zeit ist nicht seine Zeit. Wir leben nicht unter einer Willkürherrschaft. Wir sind auch nicht im Gefängnis. Aber die Hoffnung, die er hatte, ist auch unsere Hoffnung. Ich freue mich darüber, dass diese Schule jetzt Dietrich Bonhoeffer-Schule heißt.

Eugen Gerstenmaier

1906–1986

Man kann nicht über Eugen Gerstenmaier sprechen, ohne vorher dafür gedankt zu haben, dass es Hermann Kunst gibt. Das war ein Gespann! Und wenn ich an die Väter von Espelkamp denke, dann ist Hermann Kunst derjenige, der am längsten und intensivsten dabei gewesen ist. Dieser hochbegabte Theologe, dieser hervorragende Vertreter der Evangelischen Kirche gegenüber dem Staat, dieser begnadete Bettler. Was hat er uns nicht alles abgenommen! Dieser Lutherexperte – ich denke an Luthers Hausbuch von Hermann Kunst –, dieser Förderer der neutestamentlichen Forschung und der textkritischen Arbeit. Also, wenn eine Rede auf Hermann Kunst zu halten wäre, die hielte ich gerne. Aber jetzt ist nicht von Hermann Kunst die Rede, auch nicht von Birger Forell, den man ja auch nennen und zuerst nennen muss, wenn man von Espelkamp spricht. Jetzt ist von Eugen Gerstenmaier die Rede. Und trotzdem sage ich, noch bevor ich auf ihn komme, muss ich auch von Ludwig Steil sprechen.

Ich komme aus Wuppertal, wie man weiß. Manche halten das für ein Gütesiegel, und manche sehen das ganz anders. Aber in dieser Stadt Wuppertal war Ludwig Steil Vikar, Hilfsprediger in der Gemeinde Gemarke, in der Gemeinde, in der ich getauft und konfirmiert bin, in der Gemeinde, in der 1934 die Barmer Synode stattgefunden hat.

Ich habe als Junge, als kleiner Junge freilich, an diesen Ludwig Steil eine Erinnerung. Ich kann mich gut an die Zeit erinnern, in der meine Schwester unterrichtet wurde von der Schwester Ludwig Steils, von Käthe Steil. Und immer wenn wir sie sahen mit ihrem Kopftuch, das sie regelmäßig trug, haben wir an den Bruder gedacht, von dem wir als Kinder wussten: Er ist aus dem Verkehr gezogen. Das Wort KZ kannten wir nicht. Aber wir wussten, er war zu mutig, zu tapfer gewesen. Und ich kann mich auch noch an den Tag erinnern, an dem die Nachricht kam, dass Ludwig Steil in Dachau zu Tode gekommen war, noch vor dem Sterben Karl Immers, der die Synode damals nach Gemarke eingeladen hatte.

Deshalb ist für mich auch die Verbindung mit dem Namen Ludwig Steil und mit dem Ludwig-Steil-Hof mehr als irgendein Kontakt mit einer Einrichtung, die sich im Lande befindet. Ich kann mit diesem Namen Ludwig Steil noch etwas Persönliches anfangen. Und ich glaube, es ist gut, wenn man an die Männer denkt, die damals so mutig gewesen sind. Nicht weil sie vom Charakter her so waren, sondern weil die Botschaft, der sie sich verpflichtet fühlten, ihnen den Auftrag gab, laut und deutlich zu reden, wie Paul Schneider aus Dickenschied in Buchenwald und wie Ludwig Steil vor Dachau und in Dachau.

Wir sind uns oft begegnet, Eugen Gerstenmaier und ich. Er war 25 Jahre älter. Man begegnete ihm mit Respekt, soweit man damals Respekt hatte als junger Mann. Und die erste Begegnung, die wir hatten, die war auf dem »Heiligen Berg«, in der Kirchlichen Hochschule in Barmen. Da hatten wir Eugen Gerstenmaier eingeladen zu einem Vortrag über das Thema »Der Christ und die Wiederbewaffnung«. Im Anschluss daran haben wir gestritten. Und wir haben uns gesagt: »Heute hat ihn der Herr in unsere Hand gegeben.« Wir haben nichts ausgelassen, und ich weiß noch, in welcher Heftigkeit gestritten wurde. Ich weiß noch, wie immer wieder das Ende der Diskussion hinausgezögert wurde. Immer wieder ließ der Fahrer den Motor an, aber Eugen Gerstenmaier kam nicht. Wir redeten uns auf beiden Seiten in Rage. Und wir gingen, glaube ich, nicht ineinander verliebt jeder unserer Wege. Das war unsere erste Begegnung.

Die letzte Begegnung mit Eugen Gerstenmaier war im Kloster Walberberg. Dort waren wir eingeladen zu einer Podiumsdiskussion. Es ging wieder um das Verhältnis von Christen und Öffentlichkeit, von Christentum und politischer Verantwortung. Da saßen die verschiedensten Leute, Linke und Rechte, Theologen und Nichttheologen. Jeder hatte sein Päckchen Papiere vor sich liegen. Man hatte ja immer die Zeitungsartikel, die man dazu brauchte, man hatte ein paar Erläuterungen, ein paar Manuskriptseiten. Außer Eugen Gerstenmaier. Eugen Gerstenmaier hatte ein kleines Büchlein vor sich liegen, das Neue Testament, nichts sonst.

Wir haben wieder mindestens drei Stunden miteinander diskutiert. Und als wir auseinander gingen, sagte er: »Das habe ich immer gewusst, dass wir uns so nah sind, wie wir das heute Abend gespürt haben.« Dann haben wir ein paar Sätze, nur ein paar Sätze, miteinander gesprochen über die unterschiedlichen Lebensführungen, die wir gehabt haben. Und das erzähle ich denen, die jene Zeit hier im damaligen Westdeutschland so nicht erlebt und erfahren haben: Das waren damals bittere Jahre!

Eugen Gerstenmaier war ein Schwabe mit preußischer Gesinnung, oder soll man sagen ein schwäbischer Preuße? Zielgenau, sehr begabt, ehrgeizig, mit einer rhetorischen Kraft, wie sie wenige haben. Er wurde im Jahre 1954 Bundestagspräsident. Und in jenem Jahr kamen die großen außenpolitischen Debatten. Auf der einen Seite waren Konrad Adenauer, der kein großer Redner war, Eugen Gerstenmaier und Kurt-Georg Kiesinger, der zweite Schwabe. Auf der anderen Seite standen Fritz Erler, Willy Brandt, Erich Ollenhauer und Gustav Heinemann. Da konnte es sein, dass der Bundestagspräsident Gerstenmaier einen Vizepräsidenten bat, für ihn zu präsidieren, damit er die Klinge führen konnte. Dann hielt er eine große Rede. Auch wenn man keiner von denen ist, die jeden Teil seiner Reden unterschreiben können: Eugen Gerstenmaier hat nicht eine Rede gehalten, von der man nicht sagen würde, es lohnt sich, sie nachzulesen.

Ein profundes Wissen, eine umfangreiche Kenntnis politischer Zusammenhänge, die diesem Mann gegeben war! Bei ihm stand am Anfang des Weges nicht Politik, sondern Theologie. Ich selber habe später – in den fünfziger Jahren – einmal in einem Sonderauftrag die Produkte des Evangelischen Verlagswerks Stuttgart zu vertreiben gehabt. Das war sein publizistischer Resonanzboden, gespeist aus Mitteln des Hilfswerkes.

Eugen Gerstenmaier wurde promoviert, war habilitiert, kam 1936 als 30jähriger Oberkirchenrat ins damalige Kirchliche Außenamt; er kam in Kontakt mit Moltke, mit den Männern des Kreisauer Kreises. Einiges darüber kann man nachlesen in den letzten Brautbriefen Dietrich Bonhoeffers an Maria von Wedemeyer. Er geriet in eine Situation, in der auch in späteren Jahren viele gewesen sind, ins Halbdunkel. Gegner würden sagen: ins Zwielicht. Denn nichts, was in diesen Jahren von 1936 bis 1945 geschehen ist und geschehen musste, ist geschehen im hellen Tageslicht. Nichts davon ist so eindeutig, dass man sagen könnte: »Ja, so ist es gewesen, das hat er gesagt, das hat er getan.«

Darum waren auch die Jahre nach 1945 bittere Jahre, weil man dieses Grenzgängertum zwischen kirchlichem Amt und der Mitarbeit im Widerstand nie so wahrnehmen konnte, dass alle Zweifel ausgeräumt sind. Bischof Kunst hat das vor einigen Monaten erfahren, als auf einmal ein paar Zeitungen anfingen, ihn, Hermann Kunst, für jemanden zu halten, der möglicherweise mit der Stasi doch ein bisschen mehr gehabt hätte. Das ist offenbar der Preis politischen Handelns. Offenbar muss dieser Preis des Zwielichts bezahlt werden, wenn man etwas gestalten und verändern will.

Auch Eugen Gerstenmaier wollte gestalten und verändern, nicht erst nach 1945.

Wer einmal nachliest, etwa in den Erinnerungen von Werner Koch, dem vor einiger Zeit gestorbenen westfälischen Pfarrer, der damals der Bote war, der die Briefe Dietrich Bonhoeffers zum Bischof von Chester brachte, und der dann nicht die Antworten bekam, und der dann wartete. Wer das alles nachliest, wer sich daran erinnert, der weiß, das sind Jahre gewesen, die haben nur wenige Menschen innerhalb unserer Kirche durchgestanden. Eugen Gerstenmaier war einer von ihnen. Vergessen wir nicht: Er wurde verurteilt zu sieben Jahre Zuchthaus! Das war keine Kleinigkeit. Und auch dieser Prozess vor dem Volksgerichtshof hat ihn nicht zerstört. Er ist gerade geblieben: Er gehört zu denen, die überlebt haben, anders als Ludwig Steil, anders als Paul Schneider, anders als Karl Immer. Er gehört zu denen, die überlebt haben, wie Martin Niemöller.

Und dann gab es eine entscheidende Wende nach 1945. Genauer gesagt nach 1949. Nämlich der Ausbruch des Streites in der Evangelischen Kirche in Deutschland und in den politischen Medien dieser Kirche. In jenen Jahren bin ich auf dieses Thema gestoßen, es ergab sich. Und man kann heute gar nicht mehr darstellen und sich vorstellen, wie hart und bitter das war.

Ich würde es Ihnen gerne an einem persönlichen Beispiel erzählen. Ich selber hatte 1952 durch einen Mann namens Adolf Scheu die Beziehung zu Gustav Heinemann wiedergefunden. Ich war Mitglied in seiner Gesamtdeutschen Volkspartei geworden. Und wie das so ist: Morgens wurde man Mitglied und abends wurde man Kreisvorsitzender, weil sonst keiner da war. Dann gab es eine große Versammlung in Wuppertal am 16. Januar 1954. Ich saß zum ersten Mal auf einem Rednerpult und hatte eine große Versammlung zu leiten mit fast 2000 Leuten. Mein Vater ging mit, saß hinten im Saal und wollte erleben, wie sein Sohn das machte. Als wir aus dem Saal gingen, legte er mir die Hand auf die Schulter und sagte: »Der Mann hat Recht.« Viele Wochen später gab es in der gleichen Stadthalle in Wuppertal wieder eine große Versammlung: »Hermann Ehlers antwortet Gustav Heinemann«. Da gingen wir hin. Ich saß nicht auf dem Podium, sondern hinten mit meinem Vater. Als wir den Saal verließen, legte mein Vater mir die Hand auf die Schulter und sagte: »Tut mir Leid für dich, Junge, der Mann hat auch Recht.«

Die Auseinandersetzung, um die es damals ging, zerriss nicht nur die Menschen, sondern auch die Gemeinden. Auf der einen Seite Eugen Gerstenmaier, Adolf Cillien, der viel zu früh vergessene Robert Tillmanns, die Männer des Evangelischen Arbeitskreises, und neben und vor Eugen Gerstenmaier zeitlich gesehen Hermann Ehlers. Dieser großartige Mann, der nur 50 Jahre alt geworden ist im Gegensatz zu Eugen Gerstenmaier, der fast acht Jahrzehnte leben durfte. Hermann Ehlers, der BKler aus den Schülerbibelkreisen von Martin Niemöller und nun in der Gegnerschaft zu Niemöller. Unter ihnen war Eugen Gerstenmaier eindeutig der außenpolitische Kopf, Hermann Ehlers eher das innenpolitische Gegenbild zu Konrad Adenauer, Adolf Cillien der zürnende, streitbare, gelegentlich polemische Apologet und Robert Tillmanns der nicht Versöhnerische und doch Versöhnende, Zusammenführende.

Und auf der anderen Seite Leute wie Gustav Heinemann, mit seiner Strenge, mit der Schärfe der Gedanken, mit der Schmucklosigkeit der Sätze, und Martin Niemöller.

Der Streit ging quer durch die Presbyterien, quer durch die Gemeinden. Es ging um die Frage: Ist es wirklich wahr, dass Gott uns die Waffen aus den Händen geschlagen hat? Müsste man also deshalb nein sagen zu jeder Wiederbewaffnung, zu jedem deutschen Verteidigungsbeitrag? Oder ist es Aufgabe des Christen, gerade jetzt, gerade in dieser

Situation einen Beitrag zur Sicherung des Friedens auch durch Militär zu leisten?

Wer denkt, da habe jeder Einzelne so schnell seine Antwort gehabt, und man habe sagen können: »Der gehört zu Gerstenmaier und der gehört zu Niemöller«, der möge sehr vorsichtig sein. Denn die am stärksten pazifistischen Zitate in dieser Debatte kommen immer noch von Franz-Josef Strauß. Der hatte als erster gesagt: »Wer je in Deutschland wieder ein Gewehr anfasst, dem sollen die Hände abfallen.«

Dieser Streit damals konnte nur durchgehalten werden, weil die Männer, von denen wir jetzt reden, Männer des Evangeliums waren. Das hielt sie zusammen. Und so gab es ein Wort einer Synode, in dem wurde der ganze Streit dargestellt, was an sich nicht die Eigenart von Synodenworten ist. Da begann der letzte Absatz mit dem Satz: Wir bleiben unter dem Evangelium zusammen. Es hat Gustav Heinemann gekränkt, dass Volkmar Hertrich seinerzeit vor der Neuwahl des Präses der Synode sagte, das Amt des Präses dürfe nicht vakant bleiben. Und es dürfe nicht parteipolitisch besetzt sein. Und Heinemann hatte es inne. Nur hatte eben Hertrich diesen Satz erst gesagt, als Heinemann nicht mehr in der CDU war. Als er in der CDU war, hatte er das nicht beanstandet. So kam es zu einer Fülle von Konflikten, in denen keiner von denen, die damit beschäftigt waren, unberührt blieb.

Ich habe jetzt geredet von dem Politiker Eugen Gerstenmaier. Ich möchte noch einmal sagen: Seine großen außenpolitischen Reden, sein Beitrag zur deutschen Außenpolitik können gar nicht hoch genug eingeschätzt werden. Ich füge hinzu: Vielleicht hat Adenauer es nicht hoch genug eingeschätzt. Denn immer wieder ging es Eugen Gerstenmaier ein Stückchen so – das Beispiel stimmt nicht ganz –, wie es Mose gegangen ist: Er kam dann doch nicht ins gelobte Land. Er wäre liebend gerne Bundesaußenminister geworden; er wäre liebend gerne Bundespräsident geworden. Es gab auch eine Phase, in der die Frage, ob Eugen Gerstenmaier Bundeskanzler werden sollte, nicht nur so nebenbei gestellt wurde, sondern in der sie ganz intensiv anstand. Das war nach dem Rücktritt Ludwig Erhards. Aber die operationale Politik ist ihm versagt geblieben. Er war zwar Vorsitzender des Auswärtigen Ausschusses, er machte Reisen in alle Welt, empfing Besucher aus aller Welt. Er hat aber nie das Staatsamt gehabt, mit dem er seine Theorien, seine Einsichten hätte umsetzen können. Das Ende seines politischen Weges ist im wörtlichen Sinne tragisch. Das war ja nicht das Scheitern einer Person, sondern hier gab es eine solche Mischung aus Zeitgeist und Fehlverhalten, dass es auch seine politischen Gegner bekümmerte, wie dann seine politische Karriere eines Tages zu Ende war. Es gab dann Jahre der Bitternis, aus denen er, wenn ich es richtig verstehe, herausgefunden hat. Jedenfalls sagen mir das meine letzten Begegnungen mit ihm.

Und nun mag der eine oder andere denken: Warum benennt man denn ein Haus nach einem bedeutenden Außenpolitiker, nach einem schwäbischen Preußen, nach einem Widerstandskämpfer? Und so muss man wohl auch und zum Schluss davon reden: Dieser Eugen Gerstenmaier war ein Theologe von hohen Graden, ein konservativer Theologe. Dieser Eugen Gerstenmaier war kein Mann in der Klause, kein Hieronymus. Er war ein Akteur, er war jemand, der handelte. Und so wurde er 1945 an die Spitze des damals noch nicht so genannten Diakonischen Werkes berufen. Und dann hatte er diese Schwäche, die manche Pastoren haben, diese schöne Schwäche: Er baute so gerne.

Ich weiß nicht, ob Sie auch Pastoren kennen, die so gerne bauen. Ich habe einen Freund, der war auch viele Jahre im Diakonischen Amt. Wenn man andere Pastoren immer fragte: »Was predigst du jetzt?«, musste man den immer fragen »Was baust du jetzt?« Ganze ostfriesische Inseln hat er bewohnbar gemacht. Auch Eugen Gerstenmaier baute. Er baute das Hilfswerk auf als eine Managementzentrale. Von der konnten Industriefirmen viel lernen. Denn Eugen Gerstenmaier hatte in diesen Jahren – bitte bedenken Sie: 1946, zwei Jahre vor der Währungsunion – Hunderte von Dienststellen des Hilfswerks in ganz Westdeutschland. Dieser Eugen Gerstenmaier war ein begnadeter Manager, ein Organisationstalent, ein Mann mit der Gabe der Menschenführung, auch der strengen Menschenführung. Da war er Gustav Heinemann nicht unähnlich, dem Urgroßvater meiner Kinder, der konnte auch streng und hart sein.

Eugen Gerstenmaier hat zu denen gehört, die mit Birger Forell, mit Ernst Wilm, mit Hermann Kunst aus einer Idee eine Stadt gemacht haben, und das ist Espelkamp. Aus einer Idee wurde eine Stadt, eine Heimstatt. Dies Beispiel gibt es, wenn ich es richtig sehe, in der Bundesrepublik Deutschland wohl nur zweimal auf unterschiedliche

Art und Weise, in Waldkraiburg und in Espelkamp. Und wer ein bisschen von der Geschichte Espelkamps kennt, der weiß, es ging darum, dass Heimat möglich ist; Heimat nicht im Sinne irgendeines sentimentalen Erinnerungsgefühles, sondern Heimat im Sinne der Verwurzelungschance, des Zu-Hause-Seins.

Es gab einen Westfalen, das war Heinrich Jung-Stilling, dem haben die Seligpreisungen der Bergpredigt offenbar nicht ausgereicht. Er hat eine dazu geschrieben: Selig sind, die da Heimweh haben, denn sie werden nach Hause kommen. Er hat das sicher auf eine zweifache Weise gemeint, auch auf die, von der Espelkamp mit lebendigen Steinen redet. Dass aus einer Munitionsfabrik eine Heimstatt wird, dass Brücken gebaut werden und nicht Brückenköpfe, dass Menschen aus aller Herren Länder ihr eigener Herr sein können, das ist ein Geschenk.

An dem hat Eugen Gerstenmaier hohen Anteil, so wie Hermann Kunst, so wie Ernst Wilm, so wie Birger Forell und viele nicht Genannte bis in unsere Tage. Darum finde ich es schön, dass hier nicht ein Denkmal errichtet wird, sondern ein Haus. Und dass hier junge Menschen, Schülerinnen und Schüler, unter dem Patronat dieses Mannes Eugen Gerstenmaier leben dürfen und hoffentlich das tun, was Eugen Gerstenmaier getan hat: Heranwachsen, sich erproben, sich messen lassen, auch sich messen mit anderen, eigene Talente entfalten und entdecken, die Begabungen der anderen aufnehmen und annehmen, damit das Leben reicher wird und menschlicher.

Dafür hat Eugen Gerstenmaier acht Jahrzehnte gelebt. Dieser begabte preußische Schwabe, dieser Theologe und Manager, dieser Politiker von hohen Graden, ohne die letzte Erfüllung. Dieser Mann, der nicht pflegeleicht war, der oft anstieß und den manche als anstößig empfunden haben, der aber zu einer Generation von Theologen und Politikern gehörte, die anders waren, als man manchmal heute den Eindruck hat: Nicht stromlinienförmig, nicht angepasst, nicht von Marketingfachleuten entdeckt und zubereitet, sondern sperrig, knorrig, widerständig, mit eigenem Gesicht und Profil. So war Eugen Gerstenmaier, ein Mann Gottes, der im Leben stand und den das Leben auf vielfache Weise gezeichnet, mitgenommen und geprägt hat, aber durch den auch das Leben anderer reicher geworden ist. Wir sollten dankbar an Eugen Gerstenmaier denken.

Hans-Joachim Kraus

1918–2000

In den letzten Jahren war es um den bekannten Theologen still geworden, der zuvor zwei Theologen-Generationen mitgeprägt und die evangelische Kirche und nicht nur ihre reformierte Variante mit kräftiger Stimme zu Gehör gebracht hatte. Ich bin dem Essener Pastorensohn, der nach dem Tod des Vaters in Wuppertal aufwuchs und in Barmen-Gemarke konfirmiert wurde, als Zehnjähriger erstmals begegnet, weil er unseren Schülerbibelkreis leitete und diejenigen nicht aus dem Blick verlor, die ihm da anvertraut wurden. So sind wir Gefährten geblieben, auch wenn unsere Wege unterschiedlich waren und blieben.

Nach Promotion (1944) und Habilitation (1948) war deutlich, dass das Alte, das Erste Testament zum Gegenstand seiner wissenschaftlichen Arbeit, seiner theologischen Neugier und seiner Zeitgenossenschaft suchenden und Zeitgeist meidenden Predigt wurde. Der Professor für Altes Testament baute die evangelisch-theologische Fakultät der neuen Universität in Hamburg mit auf, deren Gründungsrektor Helmut Thielicke war, und fand seinen festen Ort in der Nachfolge Otto Webers von 1968 an auf dessen Lehrstuhl für Reformierte Theologie in Göttingen.

Martin Noth und Gerhard von Rad waren seine Lehrer gewesen und wurden wie sein Freund Hans-Walter Wolff mit ihm die Väter eines der größten theologischen Werke des vergangenen Jahrhunderts, des Biblischen Kommentars zum Alten Testament, den er jahrzehntelang mitgestaltete und mitbetreute. Der große Psalmen-Kommentar von Hans-Joachim Kraus war und blieb ein Schlüsselwerk, das nicht veraltet ist und vielen Predigern Augen und Ohren, Verstand und Sinne öffnete und immer noch öffnet.

Das Verhältnis von Christen und Juden lag Hans-Joachim Kraus besonders am Herzen: Nach langen Jahren des Desinteresses und der Missverständnisse wollte er deutlich machen, was beide miteinander verbindet, wie sie zusammengehören und was sie voneinander unterscheidet. Seine Position war weder antijüdisch noch christusvergessen – durch Jesu Tod sind auch die »Fernen« hineingeholt worden in das Erwählungsgeheimnis Israels, sagte er immer wieder.

Streit blieb nicht aus: Als »Jonny« Kraus als Moderator des Reformierten Bundes (1982–1990) das klare Nein zu allen Massenvernichtungsmitteln vertrat, dass der status confessionis mit diesem Bekenntnis zu Jesus Christus die allein denkbare Wahrnehmung der Friedensverantwortung der Kirche sei und bleibe, gab er der politischen Ethik kräftige Anstöße, die mehr Widerspruch als Zustimmung erfuhren. Heute wissen auch, die ihm damals widersprochen haben (ich gehörte dazu), dass es weder die eine noch die andere Lehrmeinung allein gewesen ist, die ein Ende des Kalten Krieges und des Rüstungswettlaufs bewirkt hat.

Hans-Joachim Kraus, der sensible, weltzugewandte und literarisch gebildete Wissenschaftler, war ein Theologe von echtem Schrot und Korn. Er trieb Theologie nicht im sterilen Arbeitszimmer und im warmen Stübchen grauer Theorie. Er las die Bibel als die Heilige Schrift, die Lebensweisheit und Erlösungsnachricht in Worte fasst. Er war Exeget. Die Propheten und die Psalmen kannte er besonders gut. Vieles, was er dabei an Glaubens- und Erfahrungsweisheit entdeckt hat, konnte ihn in seinem eigenen Leben, das tiefe Einschnitte hinnehmen musste, selber trösten. Er hat manches davon für uns aufgeschrieben, damit wir es nachlesen.

Ernst Lange

1927–1974

Zum ersten Mal habe ich Ernst Langes Stimme im Radio gehört. Wenn man jemandes Stimme im Radio hört, den man nicht kennt, dann macht man sich eine Vorstellung davon, wie er wohl aussieht. Das war 1955, damals gab es in der Paulskirche in Frankfurt eine Kundgebung gegen die atomare Bewaffnung der Bundeswehr. Es sprach Martin Niemöller, es sprach Gustav Heinemann, es sprach der DGB-Vorsitzende, es sprach der SPD-Vorsitzende Ollenhauer, und dann sprach ein junger Pastor, Ernst Lange, und alle anderen Reden waren vergessen. Dieser Mann hatte eine Faszination, die uns fragen ließ: Wer ist das? Ich war damals bei der Jungenwacht, bei den Schülerbibelkreisen, ich hatte zu tun mit CVJM und BK, Burckhardthaus und Mädchenberg. Wenn man zusammensaß und über Probleme sprach, die einen bedrückten, oder über die Hoffnungen, die man hatte, dann sagte ein Gesprächspartner: »Man müsste mal Ernst Lange fragen«. Der Name wurde geradezu eine Chiffre für Zukunft in der Kirche. Es gab auch Gegenpositionen, es gab auch die Leute, die sagten: »Da kommt ihr schon wieder mit eurem Ernst Lange«.

Eines Tages kam ein Brief von diesem Ernst Lange und einigen anderen. Wir, die jüngeren in der evangelischen Jugendarbeit, müssten uns einmal treffen, wir müssten über Gemeinsamkeiten und Trennendes diskutieren, die Frage stellen, welche Zukunft evangelische Jugendarbeit unter welchen Bedingungen habe, er lade dazu ein. Das war im Frühjahr 1956, und wir trafen uns bei Zwingenberg an der Bergstraße in einem Jugendheim, das Orbishöhe hieß. Nach dem Ort nannten wir auch unseren Kreis, der heute noch existiert, den Orbishöher Kreis. Die Vorstellungen, die Ernst Lange einbrachte, waren sehr spartanisch, er wollte einen festen Tagesplan, wollte eine richtige Liturgie für den Kreis. Er wollte, dass jeder bei dem jährlichen Zusammentreffen eine Art Arbeits- und Lebensbericht abgibt und vor den anderen verantwortet. So waren wir zusammen 20 bis 30 Personen, jedes Jahr, und es entwickelte sich ein Netz an Freundschaften, aber natürlich auch eine große Spannbreite an Differenzen und Differenzierung. Beim ersten Treffen 1956 unterzeichneten wir gemeinsam ein Wort gegen die atomare Bewaffnung der Bundeswehr und publizierten es gegen den Widerstand der Verbände, in denen wir jeweils tätig waren. Denn die sagten, Jugendverbände hätten sich aus der Politik herauszuhalten. Wir hingegen wollten uns wenigstens in unsere eigenen Angelegenheiten einmischen.

Ernst Lange war der, der diesen Kreis zusammenbrachte und zusammenhielt: viele Theologen, Soziologen, Betriebswirte: Männer und Frauen. Im Laufe der Jahre kamen zum Glück Ehepaare dazu, die Strenge des Kreises verlor sich ein wenig, aber die freundschaftlichen Bande blieben. Von diesen Treffen aus entwickelten sich andere Aktivitäten, zum Beispiel die Fahrt als Jugenddelegierte zur ökumenischen Jugendkonferenz in Lausanne 1960, wo ein junger begabter Sänger mit uns das Vaterunser als Calypso sang. Das war Philip Potter, damals Jugendsekretär des Ökumenischen Rats der Kirchen.

Ich könnte jetzt viele Namen nennen von Menschen, die durch diese Beziehungen im Orbishöher Kreis und zu Ernst Lange in ihrem Leben geprägt worden sind. Ich hätte gar nicht die Zeit dazu. Statt dessen will ich sagen, dass wir einander auf vielen Stationen begegnet sind und einander begleitet haben. Da kam die Zeit Ernst Langes im Burckhardthaus. Wie oft sind wir dahin gefahren, Herzbergweg 2, dann kam Berlin, dann Genf, dann Weiterstadt und Hannover. Als die Langes in Berlin in der Moltkestraße wohnten, hatten sie einen jungen amerikanischen Vikar zu Gast. Mit dem habe ich mich damals in kläglichem Englisch unterhalten. Ich habe ihn vor zwei Jahren wieder getroffen, bei den Olympischen Spielen in Atlanta, es war Andrew Young, der spätere Bürgermeister von Atlanta, der amerikanische Botschafter bei den Vereinten Nationen, Vikar bei Ernst Lange.

Danach entstand mit Ernst Lange eine Freundschaft, bei der dieser irritierend begabte Mann jedesmal etwas Neues hatte und einen ständig beschämte mit der Frage nach irgendeinem aufregenden Buch, nach irgendeinem spannenden Krimi oder irgendeinem Film, der unverzichtbar war, und nichts von allem hatte ich gesehen. Selten sind mir Menschen begegnet mit einer solchen Begabungsbreite, mit einer solchen Begabungstiefe und mit einer solchen Verletzbarkeit. Wenn ich ein Bibelwort zu nennen hätte, dann würde ich sagen, was Paulus schreibt: Nicht, dass ich's schon ergriffen hätte, ich jage ihm aber nach. Das war die Lebensphilosophie von Ernst Lange. Immer die Frage danach, ob andere ihn nicht überfordern, immer die Meinung: Ich muss noch mehr einbringen, als ich eigentlich an Kräften habe, und immer die Möglichkeit, andere Menschen anzusprechen, zu faszinieren, auf den Weg zu schicken, und immer davon überzeugt: Dies ist eine verbesserliche Welt, und weil Gott diese Welt liebt, dürfen wir sie nicht so lassen, wie sie ist.

Wolf-Dieter Marsch

1928–1972

Wenn ich, wie ich mir das monatelang vorgenommen und wie ich das zugesagt hatte, in der akademischen Trauerfeier für Wolf-Dieter Marsch hätte sprechen können, dann hätte ich viel zu erzählen gehabt. Von der ersten flüchtigen Begegnung in den fünfziger Jahren in Göttingen und von mancherlei Treffen später in Berlin, zu erzählen von langen Abenden in Wuppertal auf dem »Heiligen Berg« und am Robert-Koch-Platz, nach Terminen und Vorträgen, die wir miteinander gehört und über die wir dann geredet haben.

Der Zwang zum Schreiben, in den ich geraten bin durch die Unverfügbarkeit der Termine und durch die plötzliche Notwendigkeit des Absagens, gegen die ich mich lange zu wehren bemüht hatte, sperrt das Erzählen ab. Es scheint nicht zu gelingen, auf der Folie des Papiers ein Bild des Menschen Wolf-Dieter Marsch zu zeichnen, wie er mir in vielen Jahren und vor allem in seiner Wuppertaler Zeit begegnet ist – verhalten, herzlich, mit der Gabe der Freundschaft begabt, die um der Solidarität willen des überschwenglichen Wortes nicht bedurfte und die Überschwenglichkeit als Indiz des Unechten entlarvt hätte.

Die Gespräche waren bedächtig, nicht aufgeregt, aufregend konnten sie dennoch oder gerade deshalb sein. Hing das damit zusammen, dass es so viele Zeugen für die besprochenen Sachverhalte gab? Nicht nur die, die Wolf-Dieter Marschs »Philosophie im Schatten Gottes« aufzählt, interpretiert, befragt: Ernst Bloch, mit dessen Werk er sich früher und intensiver und länger und gründlicher befasst hat als die Vielen, die ihn heute zitieren; Fichte, Hegel, Marcuse und Schleiermacher.

Ich erinnere mich gut jenes Abends, an dem Ernst Bloch zum meines Wissens ersten Male einen Vortrag in der Bundesrepublik, damals in Wuppertal, hielt, nach dem wir lange und über die Mitternacht hinaus zusammensaßen. Bloch war noch Bürger der DDR, in die er wieder zurückkehrte. Und ich erinnere mich der Breite des Gesprächs von der Marxismus-Analyse bis zur Exegese alttestamentlicher Texte und bis zu persönlichen Erinnerungen aus seinem langen Leben, Erinnerungen, die Lichter aufsetzen und Nebel aufreißen konnten, zumindest für mich, den Jahrzehnte Jüngeren, der Thomas Müntzer eher aus Arnolds Ketzer-Historie als aus Blochs Interpretation gekannt oder auch nur zu kennen geglaubt hatte.

Was ich in der Summe sagen will, was für mich neben und in aller menschlichen Verbundenheit und persönlichen Freundschaft das Bemerkenswerte, das Singuläre an Wolf-Dieter Marsch gewesen ist und was die Erinnerung beim Blättern in seinen Büchern und in seinen Aufsätzen wieder lebendig macht, das ist dies: Hier stand nicht die Art von Theologie, die wir auch kennen, die sich im Besitz der Weisheit und der Einsicht und der Erfahrung und der Offenbarung weiß, die behände und zu jeder Zeit berühmte, ja berüchtigte Reden zu allen möglichen Themen möglich und sich und ihre Zukunft damit unmöglich macht. Hier redete und schrieb vielmehr einer, für den theologische Verantwortung erst beginnen konnte, wenn vorher die Zuverlässigkeit der Sachbestandsbeschreibung geschehen und geleistet war. Dazu gehörte und dazu gehört heute Akribie, das ist zuerst eine Sache des Respektes und der Redlichkeit und der Kunst des Nach-Denkens, und wo sich Wolf-Dieter Marsch als Gesprächspartner, als Interpret, als Brückenbauer ansah, anbot oder angeworben wurde, da investierte er zuerst seine Fähigkeit zur analytischen Beschreibung, bei der Reden von oben herab gar nicht erst aufkommt und die sich erst einstellt, wo der Dienstleistungscharakter theologischen Denkens nicht vorgetäuscht wird, sondern sich in der Redlichkeit der Argumente Satz für Satz und Seite für Seite erweisen muss. Am Schluss seines Aufsatzes »Christliche Anthropologie und biologische Zukunft des Menschen« hat Wolf-Dieter Marsch das selber knapper gesagt, als ich es hier tun könnte, wenn er davon redet, dass die »Theologie sich als eine das Leben begleitende Grundwissenschaft erweist – nicht mehr, nicht weniger«. Ihn hat Theologie so begleitet, und es gibt Menschen, die bezeugen können, dass diese Begleitung glaubwürdig war und deshalb nachahmenswert erschien.

Das galt, wo Wolf-Dieter Marsch Gesprächspartner entdeckte, deren Namen so festgefügt zu sein schienen in der Geschichte der Theologie und der Philosophie, dass Entdeckermut dazu gehörte, sie wieder zum Reden zu bringen und sie wieder zu befragen, ob ihre Antworten von damals nicht zu Aussagen von heute werden könnten. Das galt im Dialog zwischen Christen und Marxisten, den er begonnen und geduldig geführt hat jenseits aller Sensationslust und jenseits aller modernistischen und modischen Massenpublikationen. Das galt auch, wo er die moderne Technologie, die Planung der Zukunft und die Kommunikationswissenschaft oder den Umweltschutz ins Gespräch hineinzog, wo er die Frage nach der Volkskirche aus dem platten Gegeneinander von Ja und Nein herausnahm und auf differenzierte Analysen differenzierende Antworten gab.

Hier lag eines der Hauptgewichte seines Bemühens. Oft haben wir einander in der Arbeitsgemeinschaft für Kirchenreform getroffen und das, was ich beim Kölner Kirchentag neben Dorothee Sölle und Hans-Jochen Margull damals, als Kirchenreform erst zum Thema zu werden begann, an Vorschlägen zur regionalen Präsenz der Volkskirche jenseits der Parochie, aber eben nicht an ihr vorbei, vorschlagen konnte, das hatte er vorher monatelang kritisch und rückfragend begleitet.

Was wäre das Gespräch gewesen, wenn es aus puren Übereinstimmungen und aus fraternisierenden Bestätigungen bestanden hätte? Wolf-Dieter Marsch, für den geduldiges Argumentieren nie in rechthaberisches Beharren absacken konnte, er, für den die Fragen nach der Unzulänglichkeit der Welt immer zugleich die Frage nach der Veränderbarkeit der Gegenwart war, blieb bei der Sache des Tages. Welche Politik denn etwa die SPD machen solle, der er kritisch verbunden war in einer Kritik der Solidarität und nicht des Distanzierens; er wich nicht aus in die Grundsätzlichkeiten, um die Aktualitäten meiden zu können. Wie unsere bewohnten Städte bewohnbar gemacht werden könnten, das interessierte ihn so und nahm ihn so mit wie jene Weltkonflikte, die eben in der Zeit der raschen und nahen Kommunikation nicht mehr dort »hinten, weit in der Türkei« stattfinden, sondern ganz nahe bei uns: in Vietnam, in Angola, im Nahen Osten. Dass Jesus »die Freiheit vom Gesetz, vom Status des Frommseins und von der Macht der Sitte proklamiert hat«, das war für ihn eben nicht Proklamation, sondern Auftrag zur täglichen Übersetzungsarbeit.

Wolf-Dieter Marsch hat an seinem Leben und an seinem Leib durchbuchstabieren müssen, was Leiden heißt. Darum wollte er nicht

Vertröstung empfangen, sondern Trost weitergeben. Auch darum war für mich der nur drei Jahre Ältere, an den wir heute denken, einer der »Lehrer«, die Gottes Wort gesagt, übersetzt haben. Das Neue Testament sagt, wie wir uns ihrer erinnern sollen: Ihr Ende anzuschauen heißt, ihrem Glauben nachzufolgen.

Peter Beier

1934–1996

Ich erinnere mich noch genau an den ersten Brief, den mir der gerade als Präses eingeführte Peter Beier geschrieben hat. Das war 1989. Er war mit der Hand geschrieben, mit blauer Tinte, drei, vielleicht vier Seiten lang und unterschrieben mit: Ihr Peter Beier, Pfarrer.

Mich hat das damals beeindruckt, dass da jemand mit »Pfarrer« unterschrieb, obwohl er zuvor schon siebzehn Jahre lang Superintendent gewesen war und nun als Präses einer der größten Landeskirchen vorstand. Ich habe sehr bald gemerkt, dass das nicht zuerst mit Bescheidenheit zu tun hatte und auch keine falsche Anpassung, keine flache Anbiederei war, sondern eine Richtungsvorgabe. Er verstand sich als Sprecher, wenn man so will, als Sprachrohr der Menschen in den Gemeinden. Ihre Anliegen und Bitten hat er gehört und, sofern sie ihm stichhaltig erschienen, sich zu eigen gemacht und vertreten.

»Die Kirche ist Bittstellerin«, schrieb er in jenem Brief und ich habe diesen Satz nicht vergessen. Er trat nicht mit moralischen Appellen oder Vorwürfen auf den Plan. Dafür war er zu sehr von der reformatorischen Erkenntnis überzeugt. Präses Beier wusste: Vor dem Hintergrund der Rechtfertigungslehre steht jede Moral im Verdacht der Selbstrechtfertigung. Aber er wusste auch: Die Kirche kann sich daran beteiligen, die Probleme im Land zu lösen. Und sie kann Vorschläge machen. Sie hat auch ein Wächteramt. Und sie soll denen, die Verantwortung tragen, mit ihren Bitten in den Ohren liegen. Sein Wahlspruch hätte im Buch der Sprüche Salomos stehen können (31,8): »Tu deinen Mund auf für die Stummen und für die Sache derer, die verlassen sind.«

In seinem Brief damals setzte er sich für die Menschen ein, die von der Schließung einer Zeche betroffen waren. Ihm war dabei klar, dass die Zeche geschlossen würde, dass es Entlassungen geben würde und dass dadurch noch mehr Menschen arbeitslos werden würden, und er hat sich deshalb, gemeinsam mit den Verantwortlichen, für sozialverträgliche Rahmenbedingungen eingesetzt.

Das Thema der Arbeitslosigkeit hat ihn seitdem nicht losgelassen. Er kannte den wesentlichen Zusammenhang von Leben und Arbeit. Thyssen, Krupp, Saarstahl — das waren für Peter Beier nicht bloß Namen oder Standorte für Produzieren und Wirtschaften, sondern das waren für ihn Orte, an denen Menschen seit Generationen arbeiten, ihr täglich Brot verdienen und leben; Orte, an denen er die Gebote sozialer Verantwortung auch für die Zukunft in Kraft gesetzt wissen wollte.

Peter Beier schluckte nicht einfach die sozialen Hiobsbotschaften unserer Tage, sondern er klagte soziales und gerechtes Handeln ein, ähnlich wie es der Prophet Jesaja vor fast dreitausend Jahren tat. Mit Sachverstand wandte er sich an Gewerkschaften und Vorstände, brachte seine oft unbequemen Vorschläge in die Diskussion. Er war ein Beispiel dafür, dass ökonomische Kompetenz auch ohne ein wirtschaftswissenschaftliches Studium zu erlangen ist.

Er kam als Bittsteller, stellvertretend für diejenigen, denen gegenüber er sich verantwortlich fühlte. Er kam leise und brauchte nicht laut zu werden, um Gehör zu finden. Auf seine Stimme wurde gehört, seine Texte wurden gelesen, sein Wort hatte Gewicht. Von dem Menschen Peter Beier ging eine Faszination aus. Seine eindringliche und aufrüttelnde Art, Dinge mit seiner rauen Stimme beinahe zart beim Namen zu nennen, übertrug sich auf die, die ihm zuhörten. Wer ihm zuhörte, blieb nicht gleichgültig.

Er war unterwegs mit Visionen von einer menschenwürdigeren Umgestaltung der Erde. In den siebziger und achtziger Jahren kämpfte er gegen die Stationierung atomarer Waffen. Als in der Diskussion um den Militärseelsorge-Vertrag Anfang der neunziger Jahre manche die Soldaten der Bundeswehr zu Menschen zweiter Klasse degradierten, stellte er sich hinter die Soldaten. 1993 sagte er vor dem Hintergrund des Brandanschlags auf die Familie Genc in Solingen über die Täter: »Die jungen Leute fielen nicht von einem sinkenden Stern, sondern wuchsen unter unseren kalten Händen.« Damit erinnerte er uns, die Politiker, die Lehrer und Pfarrer, die Eltern und Großeltern an ihre Verantwortung. In diesem Sommer lud er eine Gruppe von Kölner Postboten ein, die sich geweigert hatten, Briefe der Scientology-Sekte zuzustellen. In ihrem Handeln sah er etwas von jenem Bürgermut, von dem unsere Demokratie lebt, den sie braucht und der ihr so häufig zu fehlen scheint.

Peter Beier war ein leidenschaftlicher Theologe und ein beeindruckender Prediger. Berührungsängste kannte er nicht. Er stellte sich den Themen der Zeit, ohne sich dem Zeitgeist anzupassen. Bisweilen spürte man seinen heiligen Zorn in der Sache, der nur noch übertroffen wurde von seiner Geduld mit den Menschen, auch dann, wenn er ihnen widersprach. Er kam nicht mit neuen Versprechungen oder neuen Lösungen daher, sondern mit einer alten Verheißung aus einem alten Buch. Er wusste: »Die Kirche hat nicht den Auftrag, die Welt zu verändern, wenn sie aber ihren Auftrag erfüllt, verändert sich die Welt«, wie Carl Friedrich von Weizsäcker das einmal formuliert hat.

Nachwort von Matthias Schreiber

Zinzendorfs Geburtstag jährte sich am 26. Mai 2000 zum dreihundertsten Mal. Wir – Johannes Rau, Friedrich Hänssler und ich – gingen am Morgen dieses Tages zum »Gottesacker«, dem Friedhof der Herrnhuter Brüdergemeine auf dem Hutberg, um sein Grab zu besuchen. Auf diesem Weg sprachen wir zum ersten Mal über das nun vorliegende Buch: Darf ein Bundespräsident ein Buch schreiben, in dem er ausschließlich die Lebensgeschichten einiger ausgewählter Glaubenszeugen erzählt?

Manche meinen, die Trennung von Staat und Kirche verlange nach einer überall sichtbaren Neutralität. Sie fordern Zurückhaltung der Politiker in Glaubensfragen. Das ist aber nicht gemeint. Vielmehr kommt es darauf an, in der Reflexion und Kritik der eigenen Tradition beizutragen zur politischen Gestaltung. Johannes Rau hat stets bekannt, dass seine Wurzeln im christlichen Glauben liegen. Er hat den Glauben verbunden mit humanistisch-aufgeklärtem und mit politischem Denken.

Alle Porträts bezeugen, dass der Glaube ins politische Handeln, in die politische Mitarbeit und Beteiligung führt. Gerhard Tersteegen etwa, der Mystiker, war – wie Johannes Rau ihn beschreibt – kein stiller, weltabgewandter Beter in der Kammer; vielmehr werden seine Lieder und Gebete als Quelle der Weltveränderung aus Glaubenszuversicht beschrieben. Und die Pest, der »schwarze Tod« in der Zeit Philipp Nicolais, konfrontiert er mit dem »sozialen Tod« in unserer Zeit: mit der Pest der Arbeitslosigkeit. Johannes Raus Buch ist ein politisches Buch.

Wie schwer die politische Entscheidung aus Glaubensverantwortung bisweilen werden kann, spürt man einigen Beiträgen unmittelbar an;

aber auch, wie unterschiedlich sie aussehen und ausgehen kann. Hermann Ehlers dachte in der Frage der Wiederbewaffnung und atomaren Bewaffnung der Bundesrepublik Deutschland nach dem Krieg anders als Gustav Heinemann. Und Karl Barth war in der Frage der Westbindung der Bundesrepublik aus Sorge um die Einheit Deutschlands anderer Auffassung als Eugen Gerstenmaier. Das waren keine Meinungsverschiedenheiten einzelner. Das war ein Streit von Christen um den politischen Weg der Zukunft Deutschlands.

Dennoch: Die Lebensberichte haben ihre Richtung und ihren inneren Halt nicht zuerst aus ihrem politischen Charakter. Nicht die dargestellten und beschriebenen Personen selber oder ihre Taten seien entscheidend, schreibt Johannes Rau, sondern die sie verbindende und einende Hoffnung. In der Zeit des ökumenischen und interreligiösen Gesprächs verhindert ein solcher Standpunkt nicht den Dialog, sondern er ermöglicht ihn.

Über die Geschichte derer hinaus, deren Leben in den einzelnen Kapiteln ausführlicher beschrieben wird, stößt man beinahe auf jeder Seite auf die Namen von Menschen, die für Denken und Handeln dieses Bundespräsidenten wichtig sind: Yitzak Rabin wird da genannt, der ermordete israelische Ministerpräsident, und Maria von Wedemeyer, Bonhoeffers Verlobte. Katharina von Bora, die Frau Luthers, und Philip Potter, der frühere Generalsekretär des Ökumenischen Rates der Kirchen. Paul Gerhardt und Joachim Neander, die Liederdichter, und viele andere.

Die Texte sind Nachschriften von Beiträgen, bei denen zu den jeweiligen Personen zu reden oder zu schreiben war. Sie wurden zum Teil gekürzt und überarbeitet. Der älteste ist der über Hermann Ehlers. Er stammt aus dem Jahr 1964; der jüngste, über Hans-Joachim Kraus, aus dem Jahr 2001. Der persönlichste ist wohl der über Ewald Rau, den Vater; der schönste vielleicht der über Martin Luther ganz am Anfang des Buches.

Erzählte Geschichte – das ist mehr als vermitteltes historisches Wissen über Fakten und Ereignisse aus der Vergangenheit; durch Anekdoten, durch mitgeteilte Erinnerungen und durch selber Erlebtes weckt Johannes Rau die Neugier für die Sache, die nicht zu Ende ist, die aber mit unserer Welt und unserem Leben zu tun hat, die sie durchdringt und verändert.

Matthias Schreiber